CIP-Kurztitelaufnahme der Deutschen Bibliothek

Goodman, Liz
Kreatives Patchwork: Einf. in d. Technik, Ideen für Muster u. Modelle/ von Liz Goodman u. Susan Joiner. – 1. Aufl. – Ravensburg: Maier, 1977.
Einheitssacht.: Creative patchwork ⟨dt.⟩
ISBN 3-473-42450-1

Die englische Originalausgabe erschien unter dem Titel »Creative Patchwork« bei Marshall & Cavendish.

Deutsche Übersetzung: Hildegard Leiska
Umschlaggestaltung: Manfred Burggraf
Printed in Germany

80 79 78 77 4 3 2 1

ISBN 3–473–42450–1

Fotos
Balmer 84–96
Michael Boys 11, 20 (oben), 32 (rechts), 65, 66, 83
Camera Press 45 (unten), 63, 64, 73
Steve Herr 5, 32 (links), 51–53
Chris Lewis 13
Scoop 45 (oben), 46/47
Transworld Features 75
Tubby 61
Michael James Ward 30

Zeichnungen
Janet Ahlberg 77, 83
Caroline Austin 72, 74, 89, 91
Chris Le Gree 23 (unten), 24, 39 (rechts), 40, 41, 58, 59
Chris Hay 78, 79, 80 (oben), 81 (rechts, unten), 82
Janine Kirwan 7, 8, 10, 22, 23 (oben), 34, 38, 39 (links)
Sue Richards 12, 18, 43, 44, 50–53, 57, 66

Modelle
E. Mason 19
J. Bormann 20, 21
Frances Ross Duncan 25, 53
Anita Skjold 51
Malcolm Ltd., London 65
Doris E. Marston 67
The American Museum, Bath 84–96

Inhalt

Einleitung

Patchwork erinnert an jene Zeiten, in denen die Familie abends noch gemütlich in der Stube saß, Mutter und Großmutter mit einer Handarbeit beschäftigt – und nicht selten vielleicht auch die Nachbarin an einer Gemeinschaftsarbeit beteiligt war.
Patchwork war entstanden aus einer Notwendigkeit, auch Reste von Stoffen sinnvoll weiterzuverwenden. Im Lauf der Geschichten traten dekorative Absichten daneben oder: die künstlerischen Möglichkeiten gaben den Ausschlag dafür, daß Patchwork lebendig blieb oder wieder lebendig geworden ist.

Die Geschichte des Patchworks
Die vollständige Geschichte des Patchworks müßte noch geschrieben werden, abyr durch Entdeckungen in Indien, Ägypten und anderen östlichen Ländern kann man sicher sein, daß sie sehr weit zurückführt. Das älteste Stück der Welt, ein Leichen-Bahrtuch, entstand vor 3000 Jahren in Ägypten aus Gazellenhaut in Patchworktechnik. Es ist anzunehmen, daß, als Menschen begannen sich zu bekleiden und räumlich einzurichten, sie übrige Stücke von verarbeitetem Leder für Bekleidung und Decken wiederverwandten. Als dann das Weben erfunden wurde, war es natürlich nötig, die wertvollen Stoffe möglichst lange zu erhalten. Und so entwickelten sich Patchwork und Applizieren – aus der Notwendigkeit zu »flicken«. Löcher konnten mit Applikation dekorativ verdeckt werden, neue Kleidung und Dekken wurden aus Stoffresten genäht.
Nach diesen bescheidenen Anfängen entwickelte sich eine echte Kunst, vor allem, da die Frauen damals die Nadel benutzten, um damit ihre eigene Persönlichkeit auszudrücken. Die Flicken wurden zu wertvollen, farbenprächtigen Schaustücken, kompliziert mit ineinandergreifenden Formen genäht. Patchwork bot eine einfache und erholsame, wie auch kreativ anregende und erstaunlich komplexe Beschäftigung.

Kreuzfahrer brachten Patchwork nach Europa
Mit der Zeit verbreitete sich Patchwork über alle Mittelmeerländer und über Europa hinauf nach England. Man glaubt, daß Kreuzfahrer es eingeführt haben, die es sicher auf ihren Fahrten gesehen haben. Es gibt in vielen mittelalterlichen Schriften Bilder von Bannern und Waffenröcken, die darauf hinweisen, daß Patchwork und Applizieren bekannt waren. Einen ganz wichtigen Anteil an der Weiterentwicklung – aber auch an der Wiederbelebung der Patchwork-Technik in diesen Tagen – haben die Frauen Nordamerikas.

Patchwork in Nordamerika
Darüber wurden viele Bücher geschrieben. Man findet sie auch in den Quilt-Mustern erzählt, da Patchwork einen Teil der Familie und des gesellschaftlichen Lebens darstellte, seit sich die ersten Siedler aus Europa an der Ostküste niederließen. Frauen aus Holland oder England brachten nicht nur ihre Habe, sondern auch ihre Fertigkeiten mit, und so findet man amerikanische Patchworks in traditionellen holländischen oder englischen Mustern und Farben. In der frühen Besiedlungszeit Amerikas wiederholte sich die Geschichte des Patchworks: Mit allem mußte man sorgsam umgehen, denn Warenlieferungen aus Europa brauchten lange, Reisen über den Atlantik waren gefährlich und Sparsamkeit war geboten. Die Lebensbedingungen und kalte Winter trugen dazu bei, daß sich Patchwork und Stepparbeiten für warme Decken und Kleidung durchsetzten.
Charakteristisch sind auch die kleinen Feste (»Quilting Bees«), die man veranstaltete, wenn eine Arbeit zusammengenäht war, um nun, im Kreis der Freunde, mit der abschließenden Stepperei »gekrönt« zu werden. Aber auch schon in England herrschte die Tradition, gemeinsam einen Quilt zu nähen. Und vor gar nicht langer Zeit fand man in Dörfern Nordenglands in der Sakristei oder einem anderen großen Raum Quilts auf Rahmen, so daß die Frauen, wenn sie Zeit und Lust hatten, gemeinsam daran arbeiten konnten. So ist es nicht erstaunlich, daß diese Tradition mit in die neue Heimat Amerika genommen wurde.

Quilt und Patchwork
Dort wurde sie allerdings verändert und verfeinert. Typisch für nordamerikanisches Patchwork ist, daß hier das – vielfältig versierte – Aneinanderreihen von Stoffstichen kombiniert wurde mit dem abschließenden Übersteppen des (gefütterten) Stoffs – aus dem zusätzliche Musterungsmöglichkeiten entstanden.
»Quilt« wurde ähnlich unserer Steppdecke aus drei Lagen – Oberstoff, Wattierung und Unterstoff genäht. Das Besondere lag an der kunstvollen Ausführung des Oberstoffs. Oft wurde die Technik des Patchworks und Applizierens (kleine Stoffteile auf größere Stücke aufgenäht) miteinbezogen. Man nähte nach einem Muster kleine Stoffteile zu einem Quadrat, »Block« genannt, zusammen, fügte viele Blocks zu einem großen Stück aneinander, und verzierte das Ganze noch durch Steppnähte. Man bezeichnet darum »europäisches« Patchwork als Patchwork, amerikanisches dagegen als Quilting, die Produkte als Quilts. Und da gab es viele typische Quilt-Varianten: »Freundschafts-Quilts« nähte man zu speziellen Anlässen – einen Helden zu ehren oder einer in Schwierigkeiten geratenen Familie zu helfen.
Stellte das Muster ein bestimmtes Thema wie Tiere, Blumen oder eine Familiengeschichte dar, nannte man die fertige Arbeit »Album-Quilt«.
Als Geschenk überreicht hieß er »Geschenk-Quilt«.
»Freiheits-Quilts« bekamen junge Männer zum 21. Geburtstag. Man lud dazu Mädchen aus der Bekanntschaft ein, und den Nachmittag davor nähten sie

den Quilt-Oberstoff. Dieser wurde aufbewahrt und später zu den anderen Teilen in die sogenannte Hamsterkiste der zukünftigen Frau gelegt.
»Namen-Quilts« fertigte man bei Geldsammlungen für wohltätige Zwecke an. Zuvor wurden die etwa 7 x 7 cm großen Stoffstücke »verkauft«, die Namen der Erwerber mit wasserfester Tinte daraufgeschrieben und bestickt.
Der »Hochzeits-Quilt« war der prächtigste der dreizehn Quilts, der in Amerika um 1700 von einem Mädchen, das heiraten wollte, erwartet wurde. Da es Unglück brächte, würde das Mädchen ihn selbst nähen, steuerten alle Freundinnen einen Block, meist mit Applikationen verziert, bei. Sie nähten daraus den Quilt und überreichten ihn der Braut als Hochzeitsgeschenk.
»Quilt-Picknicks« sind auch heute Mittelpunkt bei Ausstellungen in ländlichen Gegenden Amerikas. Es gibt kleine Zeitschriften zum Austausch von Ideen, Mustern und Anleitungen. Größere amerikanische Magazine veröffentlichen regelmäßig Quilt-Muster mit genauen Arbeitsanleitungen. Im Gegensatz zu unserer Heimat ist Patchwork in Amerika eine weitverbreitete Handarbeitstechnik geblieben.
In Europa dagegen war Patchwork lange Zeit nur noch wenig geübt worden. Es gab – und gibt – weiter verbreitete Handarbeitstechniken, auch wenn hie und da das Applizieren von Stoffen aus schierer Not geübt wurde: So etwa in den Kriegsjahren dieses Jahrhunderts – und in den Jahren dazwischen. Patchwork entsprach dem sparsamen Haushalt jener Tage, als jeder Stoffrest kostbar war und aufbewahrt wurde, um wieder mit anderen Resten zu Kleidern und Decken verarbeitet zu werden.
Patchwork kehrte zu seinem ursprünglichen Zweck zurück. Die Menschen hatten wenig Zeit für Kreativität, Stoffreste wurden zum Flicken und Anfertigen neuer Bekleidung verwendet.
Aber: Aus der Not ist längst wieder eine Tugend geworden.
Heute ist unser Leben wieder ausgefüllt mit Farben und Mustern, und die große Auswahl an Stoffarten hat dem Patchwork neue Ausdruckskraft verliehen und eine Wiederbelebung mit unendlichen Möglichkeiten zu schöpferischem Tun angeregt. Patchwork ist nicht mehr auf geometrische Formen beschränkt – freie, fantasievoll gestaltete Muster zeigen, daß sich hier eine neue Form bildnerischen Gestaltens entwickelt.

Was gibt Ihnen dieses Buch?

Dieses Buch will Ihnen beides vermitteln. Es will einige der schönen alten Arbeiten zeigen – und will Anregungen für eigene Arbeiten, für Kissen, Vorhänge, Wandbyhänge und andere nützliche Gebrauchsgegenstände bieten.
Durch die Schritt-für-Schritt-Erklärungen ist auch das anspruchsvolle und kompliziert erscheinende Patchwork einfach nachzuarbeiten. Sie werden erstaunt sein, wie schnell die Arbeit vorangeht und sich mit jedem neuen Stoffstückchen verändert.
Die Möglichkeiten sind unbegrenzt und jedes Stück wird einzigartig sein. Nie werden zweihPersonen die gleichen Formen, Farben und Gewebe in der gleichen Weise kombinieren – selbst wenn sie sich aus der gleichen Restekiste bedienen sollten.
Gerade das ist so einzigartig am Patchwork: Man kann individuelle Muster und ganz persönliche Farbkombinationen entwerfen und dabei im Nu großartige Wirkung erzielen. Man kann auch einfachen und zunächst nur nützlichen Dingen eine besondere Note geben. Patchwork ist Stückwerk – freilich überaus vergnügliches, befriedigendes und wirklich kreatives »Stückwerk«.

Patchwork-Technik

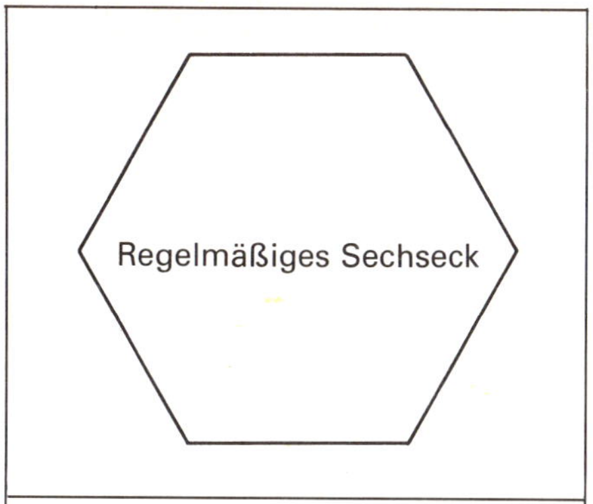

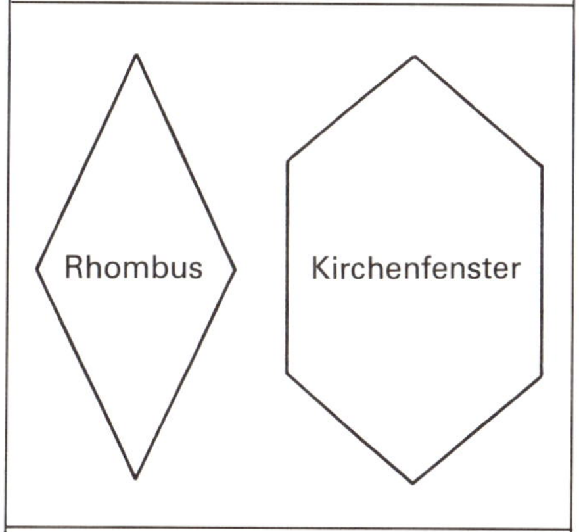

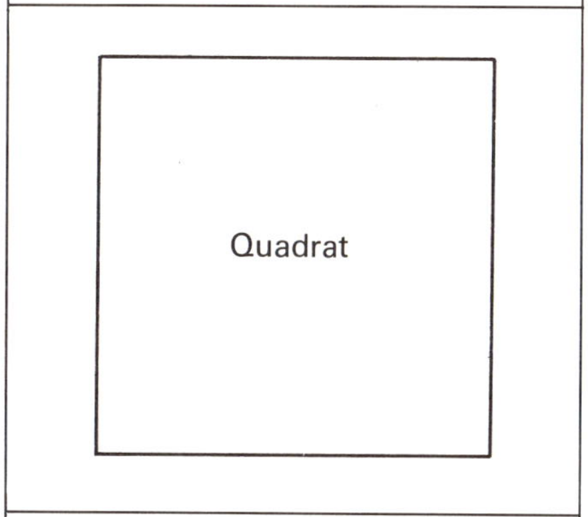

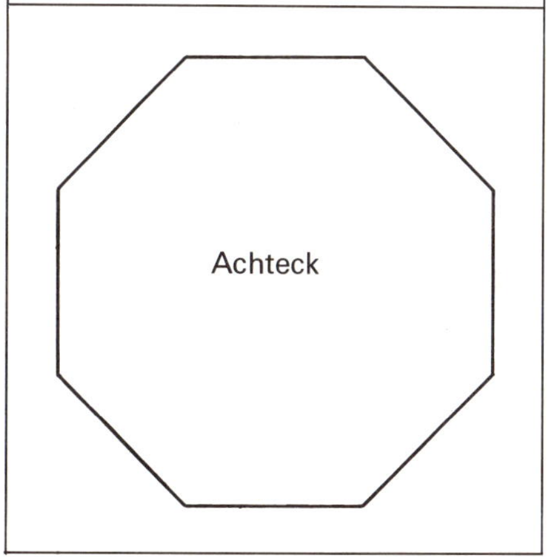

Patchwork ist eine typisch »häusliche« Handarbeit geblieben – sorgfältig mit der Hand nach traditionellen, jahrhundertealten Methoden genäht.
Man sollte zwar meinen, daß die Nähmaschine einen großen Einfluß ausgeübt hat: Indes es werden eher nur einfache Muster aus großen viereckigen Stücken auf der Maschine zusammengesetzt – auch wenn die modernen Maschinen im Prinzip auch komplizierte Ornamente und Verzierungen gestatten würden. So nähen viele Patchwork noch mit der Hand und das aus gutem Grund: Man kann die Arbeit zu jeder Zeit in die Hand nehmen, einige Teile annähen oder ein Muster zusammenstellen – gerade wie man Lust hat.
Wer die einfachen Grundsticharten kennt und sie von Hand ordentlich ausführt, kann sich an Patchwork wagen.

Muster und Formen
Beim Patchwork entsteht das Muster durch den Stoff selbst und vor allem durch die Formen der Stoffteile. Formen kennt man inzwischen sehr viele. Die bekanntesten und einfachsten, das Sechseck, das Quadrat und den Rhombus findet man in verschiedenen Größen. Das »Kirchenfenster« ist ein verlängegtes Sechseck. Das Achteck ist nicht so gebräuchlich und muß mit einem Quadrat gleicher Seitenlänge kombiniert werden.
»Venusmuschel« ist der ungewöhnliche Name einer pilzähnlichen Form, mit der man ein sehr attraktives, schuppenartiges Muster gestalten kann.
Diese Grundformen tauchen auch bei vielen anderen handwerklichen Arbeiten auf – an Fensterscheiben, bei Mosaiken oder Parkettböden.
Da die Größe regelmäßiger geometrischer Formen oft durch die Länge einer Seite bestimmt wird, ist hier mit der Bezeichnung »1,5 cm Rhombus« ein Rhombus mit Seitenlängen von je 1,5 cm gemeint. Am Anfang kann man gut mit einem »2 oder 2,5 cm Sechseck« üben. Auch das Quadrat ist recht einfach, jedoch sind beim Zusammennähen die umgeschlagenen Stoffkanten an den Ecken etwas hinderlich.

Werkzeug
Das meiste ist in einem Nähkorb oft schon vorhanden. Für die feinen, eng liegenden Stiche müssen Nadel und Faden fein sein. Bei der Auswahl richtet man sich nach der Stoffart. Ebenfalls sind feine Stecknadeln nötig, am besten kurze, damit sie beim Arbeiten nicht stören. Sie dienen auch beim Entwerfen eines Musters zum Anstecken der einzelnen Teile auf einer Platte. Hierfür eignet sich am besten eine aus Kork, dickem Karton oder Styropor. Wie bei einem Puzzle kann man die Stoffstücke darauf zusammenstellen und feststecken.

Papier
Jedes Stoffteil wird im allgemeinen um eine Papiereinlage geheftet, damit es seine Form behält und leichter verarbeitet werden kann. Sind alle Teile zusammengenäht, entfernt man Papier und Heftfäden. Damit die Papiereinlagen exakt werden, schneidet man sie mit Hilfe von Schablonen aus. Das Papier

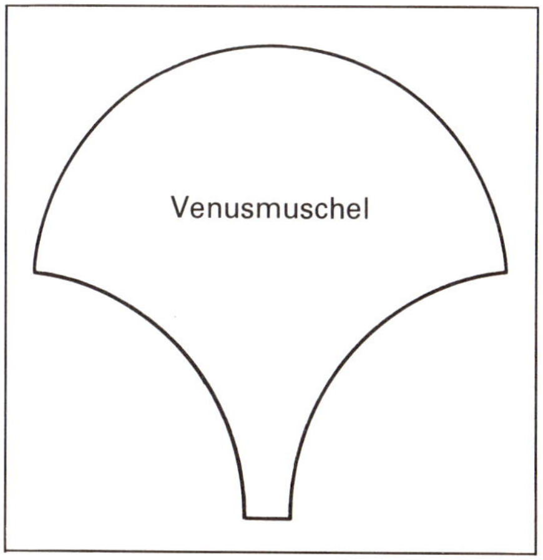

selbst muß so steif sein, daß man die Kanten noch durch den darübergeschlagenen Stoff fühlt. Man kann Packpapier, gebrauchte Briefumschläge, Briefpapier, Glückwunschkarten und anderes verwenden. Bei schweren Stoffen ist allerdings Karton nötig. Auch Vlieseline bietet eine Möglichkeit; sie kann dann zum besseren Halt des Ganzen sogar unter dem Stoff belassen werden.

Schablonen
Stoffteile und Papiereinlagen werden mit selbst angefertigten Schablonen ausgeschnitten. Genauigkeit ist sehr wichtig, sonst passen die Teile später nicht zusammen. Am besten eignet sich dafür Plastik oder Metall, da es seine Form behält. Man kann aber auch festen Karton verwenden.
Schablonen für Papiereinlagen (»Papierschablonen«): Die gewünschte Form auf Karton, Plastik oder Metall zeichnen und mit einem scharfen Messer bzw. einer Blechschere ausschneiden.
Schablonen für Stoffteile »Stoffschablonen«: Die gewünschte Form auf Karton, Metall oder Plastik zeichnen und rundherum eine zweite Kontur im Abstand von etwa 1 cm. Mit einem scharfen Messer entlang beider Linien ausschneiden, so daß ein »Rahmen« entsteht, mit dem Sie auch ihre Ausschnitte leicht festlegen können.

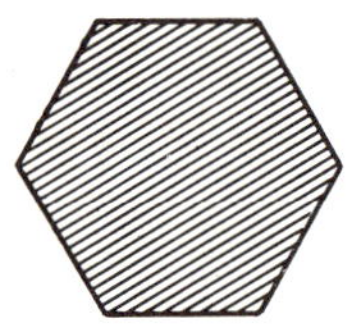
Papierschablone

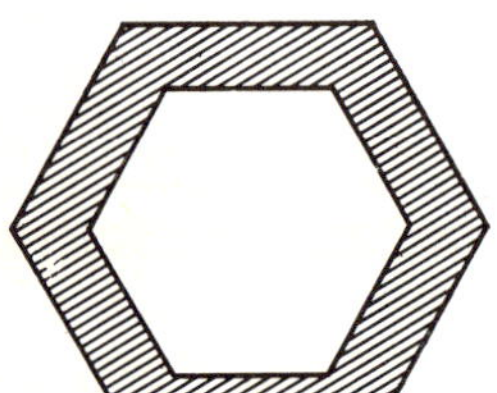
Stoffschablone

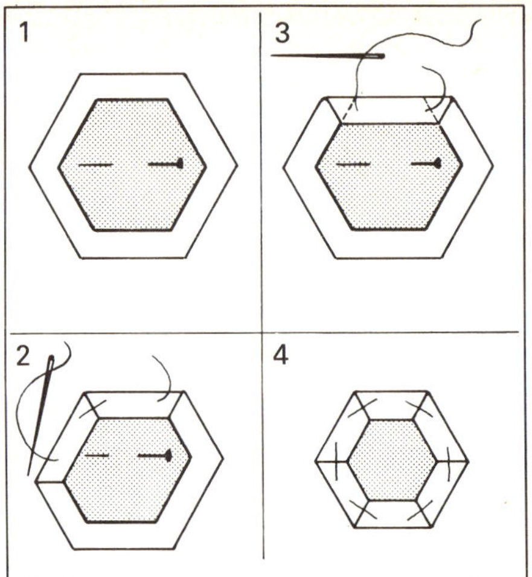

Stoffteil und Papierschablone zusammennähen

Ausschneiden
Papiereinlagen: Man faltet einen Papierstreifen, der etwas breiter ist als die Schablone, mehrmals zusammen, legt die Schablone darauf und schneidet mit einer scharfen Schere genau entlang den Kanten. Papier und Schablone sind fest in der Hand zu halten, damit sich nichts verschiebt.
Stoffteile: Man legt die Schablone auf den Stoff, überträgt mit einem weichen Bleistift den äußeren Umriß und schneidet die Form aus.

Heften
Die einzige Schwierigkeit beim Zusammenheften von Stoffteil und Papiereinlage können die umgefalteten Stoff-Ecken sein.
Sechseck: In der Mitte der linken Stoffseite eine Papiereinlage feststecken (1). An einer Seite die Stoffzugabe genau um die Papierkante schlagen und heften (2). Die linke Ecke sauber falten, die nächste Seite umschlagen und weiterheften (3), bis alle Stoffkanten umgeschlagen sind (4).
Rhombus: Beim Umschlagen müssen die spitzen Ecken zweimal gefaltet werden.

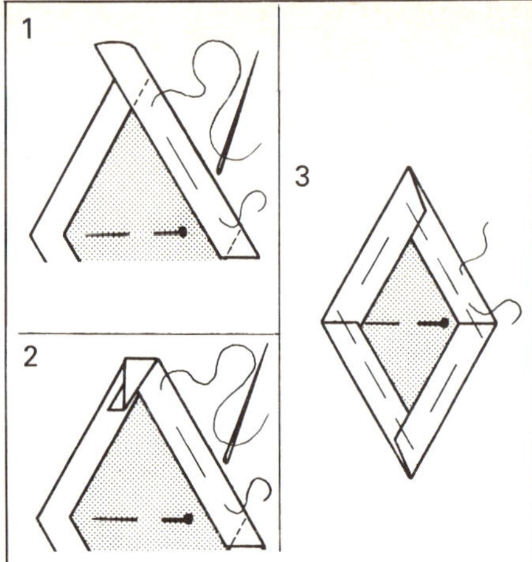

Spitzwinklige Ecken einschlagen

Venusmuschel: Hier ist es etwas schwieriger. Siehe dazu genaue Anleitung auf Seite 50.

Stoffqualität
Allgemein eignen sich für Patchwork Stoffe, die nicht ausfransen, sich nicht dehnen und ein festes Gewebe zeigen, wie z. B. gute Baumwolle. Synthetische Fasern sind schwieriger zu verarbeiten als Naturfasern, da sie sich nicht gut falten und bügeln lassen. Und natürlich kann Leder verwendet werden. Zwei wichtige Dinge sind bei der Stoffwahl zu beachten: Für Gebrauchsdinge z. B. nie Seide und Baumwolle zusammen verarbeiten, sondern stets nur Stoffe, die gleich schwer und dick sind. Nimmt man verschiedene, gut wirkende Stoffarten, sollte man sich auf weniger beanspruchte Gegenstände beschränken. Seide mit Samt oder Tweed sieht prächtig aus, aber durch den festen Stoff wird der feine verzogen. Man kann eventuell zum Ausgleich Vlieseline unter den leichten Stoff legen.
Zum zweiten: Man vergewissere sich, daß die verwendeten Stoffe nicht abfärben. Es wäre schade, wenn eine mühevoll entstandene Arbeit schon bei der ersten Wäsche oder Reinigung ruiniert wäre.
Bei Seide und bügelfreier Baumwolle bleiben Spuren von Nadeleinstichen zurück. Deshalb so heften, daß Stiche auf der rechten Stoffseite nicht sichtbar

sind. Dies am besten vorher an Resten ausprobieren.

Entwurf

Saubere Verarbeitung, schöne Farben und gut ausgewählte und kombinierte Muster zeichnen eine gelungene Arbeit aus, und das bezieht sich auch auf das kleinste Werkstück. Die Rahmenschablone ist darum bei gemusterten Stoffen sehr hilfreich, da man mit ihr die Ausschnitte genau bestimmen kann.
Die Gewebestruktur ist ebenso wichtig, da sie einfarbigen Stoffen etwas Reizvolles und Plastisches verleiht. Auch den Strich, die Fadenrichtung berücksichtigen, da die Wirkung des Ganzen davon beeinflußt wird.
Beim Entwurf des Musters sollte man sich Zeit nehmen, denn dieser Abschnitt ist der fesselndste vor dem Zusammennähen. Man kann auf einer Platte die Teile wie bei einem Puzzle hin- und herschieben, bis eine befriedigende Lösung gefunden wird. Diese Arbeit sollte stets der Ausgangspunkt sein, bevor man ans Nähen geht.

Farbzusammenstellung

Ein schönes Muster kann ganz einfach sein: es genügt schon, nur zwei Hauptfarben zu kombinieren. Es macht Spaß, schöne helle und dunkle Farbabstufungen auszuarbeiten.
Aber auch kunterbunt zusammengewürfelte Muster sind sehr hübsch, jedoch erst dann, wenn versucht wird, die Farben zu gruppieren. Ein Durcheinander von vielen Farben hat nie den Charakter einer sorgfältig ausgewogenen Farbzusammenstellung einfarbiger und gemusterter Stoffteile. Diese Vorbereitung ist außerordentlich wichtig, und sicher wird man langsam ein Gefühl für harmonische Farbkompositionen entwickeln. Beispiele, aus denen man Anregungen für eigene Arbeiten direkt übernehmen kann, gibt es ja genug in diesem Buch.

Zusammennähen

Man beginnt mit zwei Teilen, legt sie rechts auf rechts und näht sie mit feinen, engliegenden Stichen entlang einer Kante überwendlich zusammen. Dabei immer nur zwei oder drei Stoffäden pro Stich aufnehmen und nicht das Papier miteinnähen. Ist die Naht fertig, wird ausgebügelt. Am besten näht man immer einige Teile zu einem Block und fügt diese zum Schluß aneinander.

Abschluß

Sind alle Stoffteile zusammengenäht, werden Heftnähte und Papiereinlagen entfernt, die »Endphase« ist erreicht. Kanten werden durch Einsetzen halber Formen begradigt, mit Streifen füllt man Zwischenräume aus und verstärkt man Bögen. In jedem Fall braucht die Arbeit ein Futter, um fester zu sein – und müssen begradigte Kanten eingefaßt werden. Über die Wattierung von Kissenhüllen und Kannenwärmern sollte man sich allerdings schon vorher Gedanken gemacht und dies in die Planung miteinbezogen haben.
Gerade für diese abschließenden Arbeiten gilt: man macht das, was einem am besten gefällt, was der Form und dem Verwendungszweck der fertigen Arbeit angemessen ist.
Als Anfänger sollte man mit einer kleineren Arbeit beginnen, die schnell fertig wird. Es gibt allerlei Dinge mit einfachen Mustern, durch die man die verschiedenen Techniken begreifen lernt, bevor man zu größeren, anspruchsvolleren Arbeiten übergeht. Zum Beispiel sind Nadelkissen, Bälle, Gürtel, Brillenetuis und Taschen hier geeignet. Kissen und Kannenwärmer, Randverzierungen und Motive für Vorhänge, Schürzen oder Schachtelverkleidungen befähigen, umfangreichere Arbeiten auszuführen, die schon Fertigkeiten voraussetzen.

Arbeiten mit der Näh- maschine

Stoffteile mit Seitenlängen von 4 cm und mehr kann man mit Zickzack-Stichen schnell und sauber zusammennähen.

Stoffe
Wolle, Seide, Kord, Baumwolle, Samt und feiner Tweed eignen sich gut. Allerdings für Formen mit spitzen Ecken (z. B. Rhomben) keine sehr dicht gewobenen Stoffe verwenden, da die Nadel mehrere Stofflagen bewältigen muß. Leder, Filz und beschichtete Stoffe (Chintze) sind leicht zu verarbeiten, da sie nicht ausfransen und die Kanten deshalb nicht umgeschlagen werden müssen. Man schneidet die gewünschten Formen ohne Nahtzugabe aus.

Nadeln, Garne, Stiche
Generell muß man sich bei der Auswahl von Nadeln und Garnen nach der Stoffart richten. Werden Papiereinlagen benutzt, müssen Nadeln öfters ausgewechselt werden, da Papier die Spitzen stumpf macht. Nadelstärke Nr. 90 und Garnstärke Nr. 50 oder 60 eignen sich für die meisten Stoffarten. Für Seide nimmt man Nähseide, für Kunstfasern Synthetikgarn und für andere Qualitäten Baumwollgarn. Die Garnfarbe stimmt man auf den Stoff ab: – man nimmt entweder eine Grundfarbe des Musters oder weißes Garn für helle Töne, schwarzes für dunkle Stoffe. Beim Zusammennähen heller und dunkler Stoffe sollte man dunklen Faden nehmen. Jede Arbeit immer mit Garn gleicher Farbe und Stärke nähen.

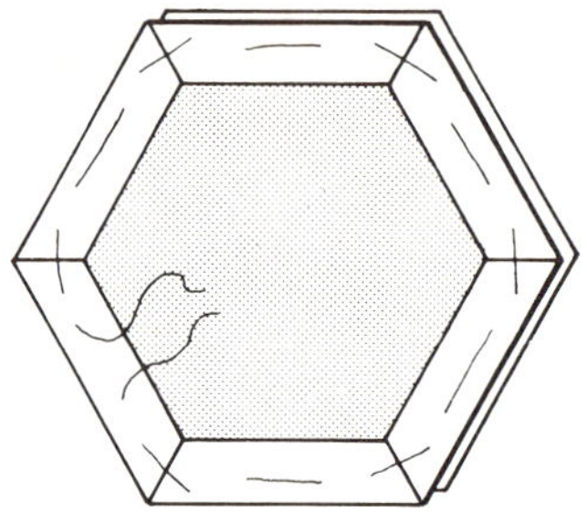
Zwei Stoffteile rechts auf rechts gelegt

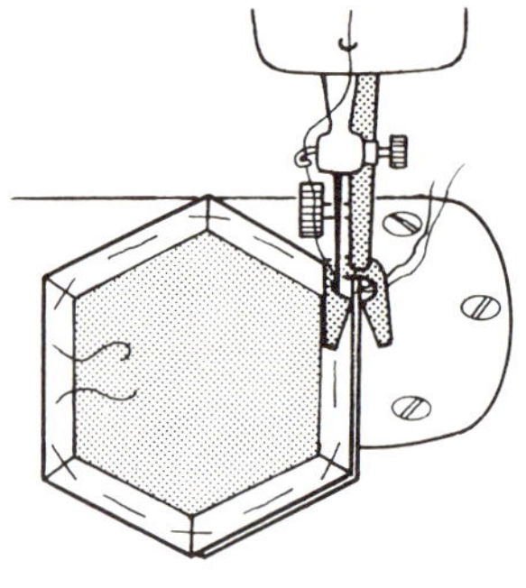
Nadelstand und Ausgangspunkt

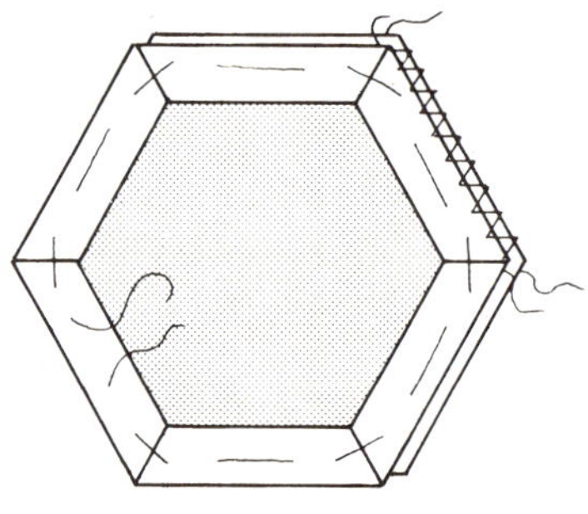
Fertige Naht

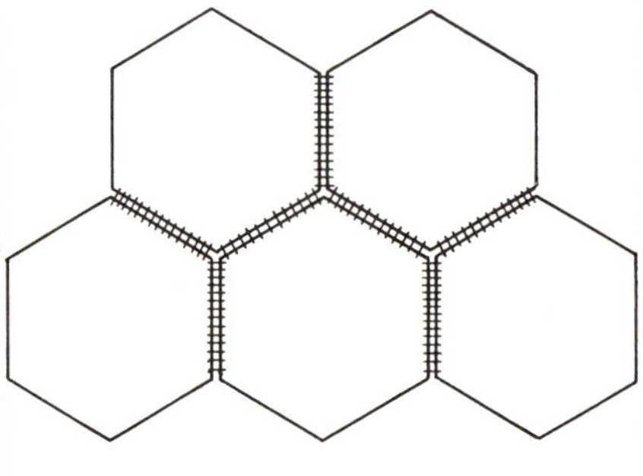
Rechte Stoffseite

Für Zickzack-Stiche wählt man allgemein eine Breiteneinstellung von 1½ bis 2 sowie eine mittlere Längseinstellung und lockert die obere Fadenspannung ein wenig. Entsprechend dem Material und den Seitenlängen eines Stoffteils wird man diese Einstellung regulieren müssen. Ein 7-cm-Sechseck braucht z. B. längere Stiche als ein 5 cm großes, wobei aber die Stichweite bleibt. Am besten probiert man das auf einem zusammengelegten Stoffstück aus.

Zusammennähen
Die Stoffteile wie beschrieben vorbereiten (Seite 8). Sollen sie später für Applikationen verwendet werden, statt Papiereinlagen Vlieseline nehmen und diese unter dem Stoff lassen.
Zwei Stoffteile so rechts auf rechts legen, daß man die untere Kante an einer Seite gerade noch sieht, um zu prüfen, ob die Stiche beide Teile erfassen. Die Stoffteile so in die Maschine legen, daß die Nadel über der rechten oberen Ecke steht. Anfangs langsam nähen. Beim Einstechen links sollte die Nadel durch Stoff und Papier beider Teile gehen, rechts gerade noch über die Seiten hinaus.
Hat man die Kanten an einer Seite zusammengenäht, die Teile und die Fäden mindestens 5 cm weit herausziehen. Beide Enden werden doppelt verknotet, damit die Naht nicht wieder aufgeht. Statt nach jeder Naht die Fäden abzuschneiden, kann man auch mehrere Stoffteile nacheinander zusammennähen, zwischen zwei Paaren immer etwa 10 cm Faden stehen lassen und sie erst zum Schluß durchschneiden und verknoten.
Beim Zusammennähen von Rhomben wird man bei einigen Stoffarten der Maschine etwas helfen müssen, da es Stellen mit acht Stofflagen zu durchstechen gibt.
Man fügt so viele Teile wie nötig aneinander und achtet darauf, daß der Fadenlauf möglichst immer dieselbe Richtung hat. Ist die Arbeit fertig, zieht man die Heftfäden heraus und entfernt die Papiereinlagen. Auch wenn diese von der Nadel erfaßt wurden, können sie leicht herausgenommen und sogar wiederverwendet werden.

Applizieren
Hat man statt Papier Vlieseline eingelegt, läßt man sie unter dem Stoff und näht sie stellenweise mit kleinen Stichen am Stoffteil fest. Dann das Patchworkstück mit kleinen Hohlstichen entlang der Außenkante auf die entsprechende Unterlage nähen.

Bügeln
Die Nähte müssen mit einem feuchten Tuch gut ausgebügelt werden. Wurde Samt verarbeitet, verwendet man eine weiche Unterlage und bügelt nur ganz vorsichtig. Soll die Arbeit appliziert werden, Kanten besonders beachten. Jetzt sieht man auch gut, daß die Teile mit festen, gleichmäßigen Stichen verbunden sind – geraden Stichen auf der rechten Seite, Zickzack-Stichen auf der linken.

Futter
Obwohl eine Arbeit, ordentlich genäht und verknotet, fest und haltbar ist, kann sie sich leicht verziehen, wenn der Fadenlauf nicht bei allen Teilen die gleiche Richtung hat. Deshalb ist bei größeren Arbeiten, z. B. Kleidern, ein Futter unbedingt erforderlich. Das Futter verstärkt die ganze Arbeit und hält sie in der richtigen Form. Man legt Patchwork und Futterstoff links auf links, faßt etwa an jedem zweiten Stoffteil die beiden Lagen mit kleinen Stichen zusammen und heftet dann entlang den Kanten. Das gefütterte Stück wird danach genauso weiterbehandelt wie ungefütterte Arbeiten.

Der wunderschöne doppelseitige Quilt links oben wurde aus lauter gleichgroßen Quadraten zusammengenäht. Die Farbtöne sind fein abgestuft, das Ganze ist schwarz eingefaßt; durch beide Lagen wurde gesteppt.

Quadrate und Rechtecke

Muster
Die quadratische Form sieht recht einfach aus. Sie ist auch leicht auszuschneiden, da man sich am Fadenlauf orientieren kann, jedoch fallen hier im Gegensatz zu anderen Formen unterschiedliche Seitenlängen oder nicht exakte Winkel sofort auf. Quadrate und Rechtecke gehören mit zu den ältesten Patchwork-Formen, und ein überliefertes, einfaches Muster ist das »Schachbrett« aus hellen und dunklen Stoffen. Etwas verfeinerter ist die »Backsteinmauer«, bei der rechteckige Stücke verschiedener Farbtöne versetzt zusammengenäht werden. Charakteristisch für Muster dieser Art ist, daß alle Stoffteile die gleiche Form und Größe haben. Näht man eine Decke oder ein Kissen mit diesen Mustern, sollte man vorher einen Entwurf machen. Kariertes Papier ist sehr praktisch, da man die Kästchen mit farbigen Filzstiften entsprechend ausfüllen kann. Oder man schneidet die Formen aus farbigen Zeitschriftenseiten aus. Gerade bei einfachen Formen ist es wichtig, die ganze Arbeit schon vor Augen zu haben, um die Farben harmonisch abstimmen zu können.
Weiterhin kann man Muster aus diagonal halbierten Quadraten oder Rechtekken bilden (a). Dann gibt es Blocks aus jeweils vier oder neun zusammengenähten Quadraten (b und c). Komplizierter sind die 5teiligen und 7teiligen Blocks (7teilig heißt ein Quadrat, das in 49 kleinere aufgeteilt ist). Mit ihnen wurde früher zwar auch gearbeitet, aber selten, da das Ausschneiden recht mühsam ist. Betrachtet man manche alten Stücke, hat man den Eindruck, als wären

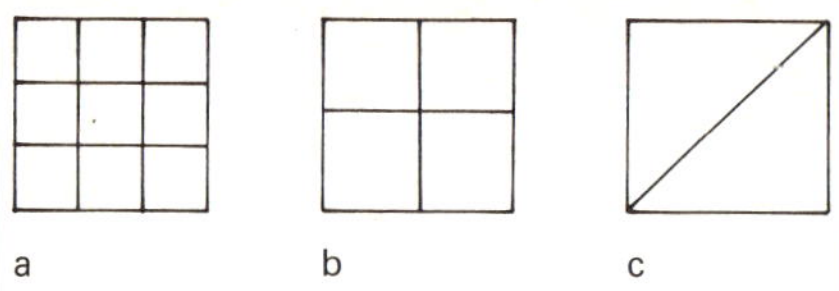

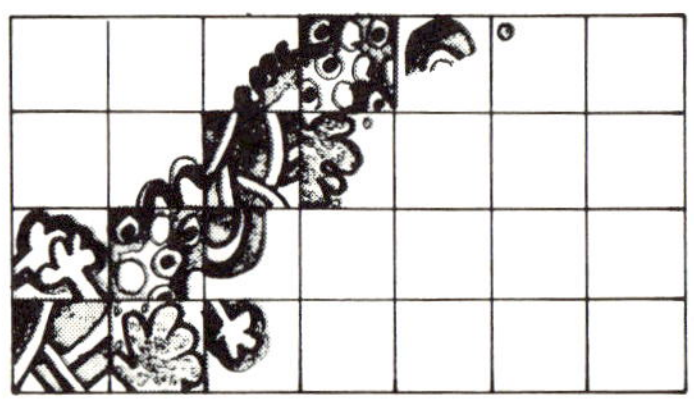

»Schachbrett« mit Quadraten

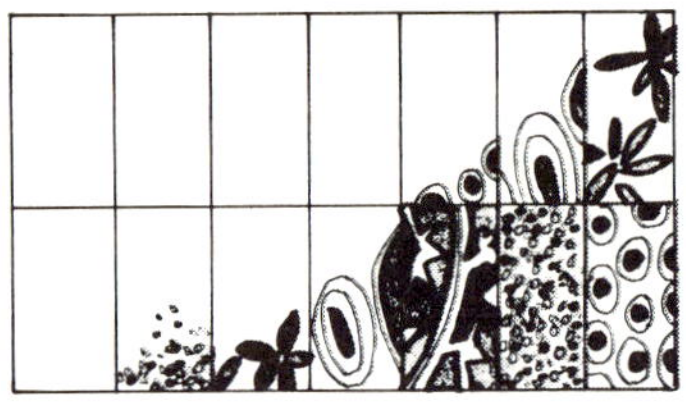

»Schachbrett« mit Rechtecken

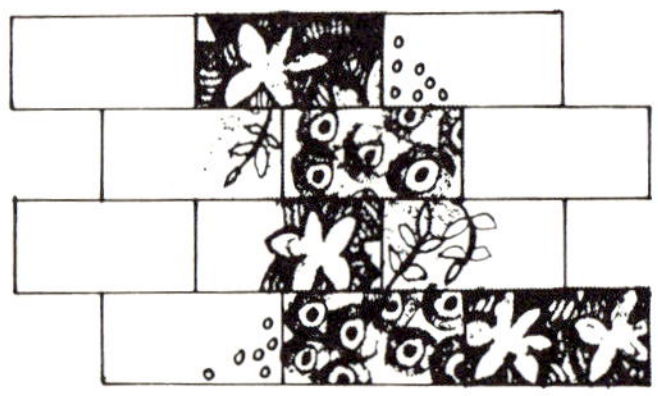

Backsteinmauer

Quadrate diagonal plaziert

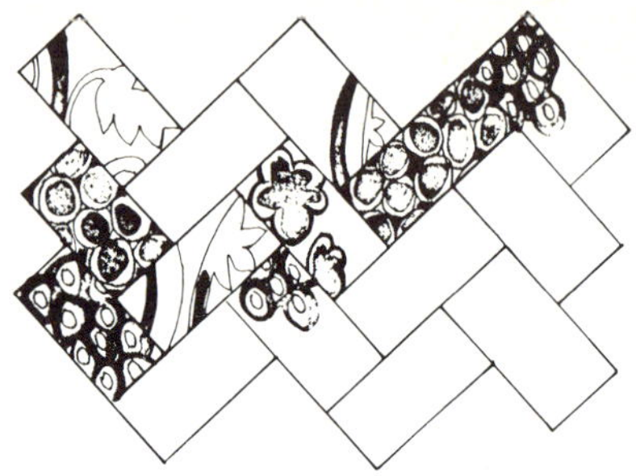

Rechtecke im Flechtmuster

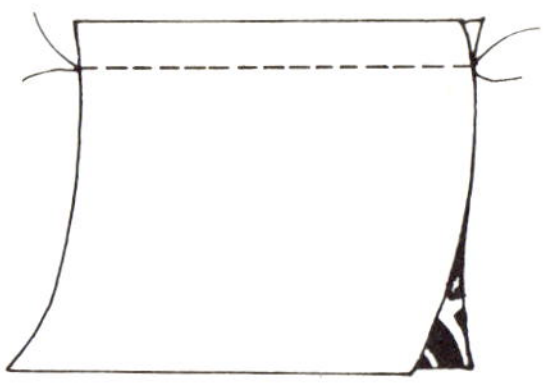

Zwei Quadrate zusammengenäht

Streifen aus Quadraten

Steppnähte auf der rechten Stoffseite

einige Patchworker damals begeisterte Hobby-Mathematiker gewesen. Quadrate, »diagonal« auf Stoff appliziert, oder mit Dreiecken kombiniert, wirken hübsch als Kantenabschluß.

Nähen
Für kleine Quadrate sind Papiereinlagen vorteilhaft. Beim Zusammennähen ist immer die letzte Kante am schwierigsten, da die Säume an den Ecken etwas im Weg sind. Man kann sie allerdings ein wenig abschneiden. Es ist dabei auch hilfreich, auf einer festen Unterlage zu nähen.
Größere Teile (vorausgesetzt, alle sind genau gleich groß) können leicht mit geraden Maschinenstichen zusammengenäht werden. Am schnellsten geht es, wenn man erst die einzelnen Teile zu Streifen näht und dann alle Streifen zusammenfügt.

Strapazierfähige Patchworkarbeiten
Man kann sie aus Quadraten oder Rechtecken mit der Maschine ohne Papiereinlagen nähen. Teile exakt zuschneiden und von links zu entsprechend langen Streifen aneinandernähen. Darauf achten, daß die Säume immer gleich breit sind. Dann die Streifen zusammenfügen und die Nähte links ausbügeln. Auf der rechten Seite nun das ganze Stück jeweils etwa 3 mm links und rechts der Nähte steppen. Diese Methode ist für Hemden oder Kleider, die regelmäßig gewaschen werden müssen, geeignet.

Nähen von Hand
Obwohl das Arbeiten mit der Nähmaschine viel schneller geht, wird Patchwork auch heute noch gerne nach traditioneller Art von Hand genäht. Es bietet ja auch viele Vorteile – sind z. B. gerade Freunde zu Besuch, kann man trotzdem daran arbeiten und am Gespräch teilnehmen. Oft ist zu beobachten, daß solche Handarbeiten etwas »Heimeliges« ausstrahlen, was sich auf die Atmosphäre und sogar die Menschen drumherum überträgt. Der Streß des Alltags gerät dabei fast in Vergessenheit.
Auf den vorhergehenden Seiten wurden bereits die nötigen Materialien aufgeführt und einige wichtige Anhaltspunkte genannt, die man sich vor jeder Arbeit nochmal durchlesen sollte. Da sie für fast alle Arbeiten verbindlich sind, werden hier nur einzelne Schritte ergänzt.

Stoff
Da sich die Arbeit vermutlich über längere Zyit erstreckt, sollte man gleich überprüfen, ob genügend Stoffteile vorhanden sind, damit man die ganze Arbeit mit dem geplanten Muster ausführen kann. Oft kann man nicht denselben Stoff nachkaufen; und es wäre ärgerlich, wenn man nach längerer Unterbrechung eine Arbeit fortsetzt, dazu fehlenden Stoff ergänzen wollte – und es gäbe das gesuchte Dessin nicht mehr.

Entwurf
Beim Handnähen ist das Verhältnis von Arbeitsaufwand, Größe der Stoffteile und Größe des fertigen Stücks besonders zu berücksichtigen. Das heißt, daß lauter kleine Teile für eine große Decke natürlich sehr viel mehr Zeit und Arbeit erfordern. Deshalb verwendet man für einen Bettüberwurf, Wandbehang oder ähnliches, besser größere Teile. Quadrate von 6 bis 10 cm Kantenlänge sind für große Stücke geeignet, die von 4 bis 6 cm Kantenlänge für mittlere und von 2,5 bis 5 cm Länge für kleinere Stücke.

Quadrate mit Papiereinlagen
Auf Seite 8 wurde am Beispiel eines Sechsecks und eines Rhombus aufgezeigt, wie mit Hilfe der Schablonen Stoffteile und Papiereinlagen ausge-

Patchwork-Kissen aus Quadraten und Rechtecken in einem regelmäßigen geometrischen Muster (Entwurf Heather Mingay)

1a

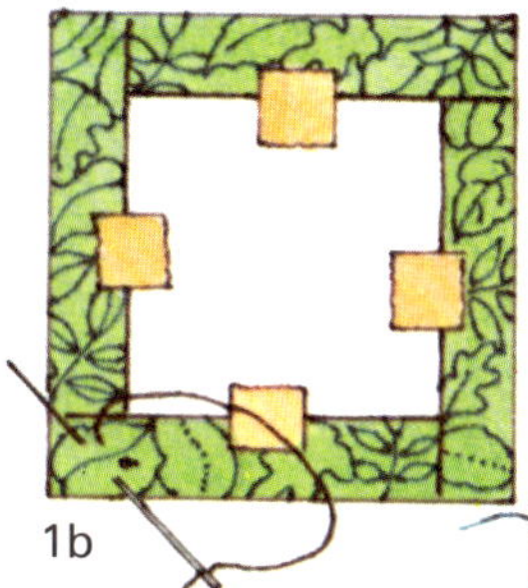

1b

2

schnitten und wie die Einlagen in den Stoff eingearbeitet werden. Beim Quadrat ist es recht ähnlich. Die Abbildungen 1 a zeigen, wie das Stoffteil um die Einlage geheftet wird.
Bei den Ecken darauf achten, daß der Stoff genau um die Papierkanten liegt. Es ist deutlich zu sehen, daß die Schmalseiten der oben liegenden Umschlagstreifen noch einmal extra geheftet sind, damit sie nicht aufspringen.
Da bei Seide und Baumwolle die Einstichstellen der Nadel sichtbar bleiben, kann man die umgeschlagenen Kanten mit einem Klebeband befestigen und nur die Ecken heften, dabei aber lediglich durch den umgeschlagenen Stoff stechen (1 b).

Zusammennähen mit Papiereinlagen
Zwei Teile rechts auf rechts legen, den ersten Stich etwa ½ cm von der rechten Ecke entfernt machen, zurück zum Ende gehen und die beiden Kanten überwendlich mit kleinen, gleichmäßigen Stichen zusammennähen (2). Sie sollten gerade sein und mit der Kante einen rechten Winkel bilden. Nicht das Papier mitfassen. Am Ende drei oder vier Stiche zurücknähen und den Faden abschneiden. Nahtkante ausbügeln. Jeweils erst einige Stoffteile zu Blocks nähen und dann alle Blocks zusammenfügen. Links bügeln, wenn nötig rechts ebenfalls bügeln, jedoch vorher die Heftfäden herausziehen. Die Papiereinlagen bleiben aber noch unter dem Stoff liegen, damit sich die Saumkanten nicht durchdrücken.

Zusammennähen ohne Papiereinlagen
Wie beim Arbeiten mit der Nähmaschine (Seite 10), kann man Quadrate und Rechtecke ohne Einlagen zu Streifen aneinandernähen. Die Nähte schließt man mit Vorstichen (3). Bevor man die Streifen zusammennäht, alle Nahtkanten nach einer Seite bügeln, da das Auseinanderlegen wie bei überwendlichen Stichen die Vorstiche zu sehr beansprucht.
Eine andere Möglichkeit wäre die Stoffteile wie beschrieben (1 a und b) ohne Einlagen vorzubereiten, und überwendlich zusammenzunähen. Hierbei besonders darauf achten, daß die eingeschlagenen Kanten alle gleich breit sind, damit die Stoffteile zusammenpassen.

Füttern und Wattieren
Patchwork sollte eigentlich immer gefüttert und eingefaßt werden, außer man wendet es bei Applikationen an. Bei nicht eingefaßten Kanten besteht die Gefahr, daß sich das ganze Stück ausweitet oder verzieht. Bei einem Bettüberwurf ist es ratsam, zwischen Futter und Oberstoff auch noch eine Wattierung einzuarbeiten, damit die große Stoff-Fläche noch etwas »stabiler« wird und nicht »lappig« liegt.

Füttern
Als Material eignet sich dicht gewobene Baumwolle oder ein spezieller Futterstoff.
Den Futterstoff ringsherum etwa 5 bis 10 mm (gleiche Breite wie Nahtkanten der Stoffteile) breiter als den Patchwork-Oberstoff zuschneiden. Eventuell umgefaltete Kanten des Oberstoffs wieder aufklappen. Futter und Oberstoff rechts auf rechts legen. An drei Kanten und einem Stück der vierten zusammenheften und von Hand oder mit der Maschine entlang der Heftnaht nähen. Die Ecken beschneiden und das Ganze wenden. Das offene Stück mit Hohlstichen schließen. 3 mm vom Rand entfernt mit kleinen Vorstichen die Kanten rundherum abnähen, damit sie fester werden. Ist das Stück ziemlich groß, kann man Oberstoff und Futter in regelmäßigen Abständen mit ein paar kleinen Stichen verbinden. Diese jeweils in die Mitte eines Stoffteils setzen. Man kann auch, wie im folgenden beschrieben, beide Teile verknoten und entsprechend die Kanten abschließen.

Wattieren
Als Material eignet sich z. B. Watteline oder Diolen-fill.
Den Futterstoff rundherum 5 cm breiter als den Oberstoff schneiden, mit der rechten Seite nach unten auf einer ausreichend großen, ebenen Fläche ausbreiten. Darauf die Wattierung und dann den Oberstoff, die rechte Seite nach oben, legen. Diese drei Lagen in regelmäßigen Abständen mit parallel laufenden Nähten zusammenheften. Erst alle von oben nach unten laufenden Nähte ausführen, dann von rechts nach links heften (4). Immer in gleicher Richtung arbeiten, sonst entstehen unschöne Falten.
Die Knoten (5) über das ganze Stück verteilt durch alle drei Lagen machen und auf der Unterseite verknüpfen. Bei kleinen Stoffteilen in der Mitte jedes vierten Teils, bei größeren in jedem dritten plazieren (6).
Wenn die Außenkanten nicht mit einem Band oder ähnlichem eingefaßt werden, Futterstoff rundherum bis auf einen etwa 5 bis 10 mm breiten Rand abschneiden und die Heftfäden herausziehen.

Kantenabschlüsse
Jede gefütterte oder wattierte Arbeit kann an den Außenkanten mit Band, mit stoffbezogener Kordel oder (wie auf Seite 17 beschrieben) eingefaßt werden. Eine weitere Möglichkeit: – man kann die Wattierung so weit abschneiden,

daß sie rundherum etwa 5 mm kleiner als das fertige Stück ist, den Futterstoff 5 bis 10 mm nach innen schlagen, die Kanten bügeln und überwendlich mit dem Oberstoff zusammennähen.

Patchwork nach Schnittmuster anfertigen

Für handgenähte Patchwork-Kleider wird man ein einfaches Schnittmuster aussuchen und dann die Patchwork-Formen direkt mit Filzstift auf dieses Muster zeichnen. Darauf achten, daß das Patchwork an den Nähten der Schnitt-Teile für das Kleid später gut zusammenpaßt und die Nahtzugaben berücksichtigt sind. Das fertige Schnittmuster auf steifes Papier übertragen und auf jedes Teil wieder die Farbe notieren. Die einzelnen Formen ausschneiden und als Einlagen verwenden. Das erste Schnittmuster dient als Vorlage, nach der die Stoffteile in der richtigen Reihenfolge zusammengenäht werden. Ebenfalls den Futterstoff danach zuschneiden, und das Ganze wie üblich zusammennähen.

Kinder-Quilt

Der fröhlich gemusterte Quilt auf dem Foto rechts ist 75 x 100 cm groß und aus Baumwollstoffquadraten in einem bunt gewürfelten Muster gearbeitet. Als Futter dient ein kleinkarierter Baumwollstoff, der auch die Kanten abschließt und sogar für einige Quadrate im Patchwork-Muster verwendet wird.

Man braucht dazu:

300 Stoffteile mit je 5 cm Kantenlänge plus Nahtzugabe.

Watteline oder Diolen-fill, 80 x 105 cm

1,20 m Futterstoff, 90 cm breit

So wird gearbeitet:

☐ 20 Reihen von je 15 Quadraten zusammennähen, Nähte links ausbügeln, Heftnähte und Papiereinlagen entfernen.

☐ Futterstoff 83 x 108 cm groß zuschneiden und mit der linken Seite nach oben flach hinlegen.

☐ Wattierung und Patchwork-Oberstoff, rechte Seite nach oben, darauflegen. Wie auf Seite 15 beschrieben heften und verknoten. Wattierung rund herum abschneiden, so daß die Kanten

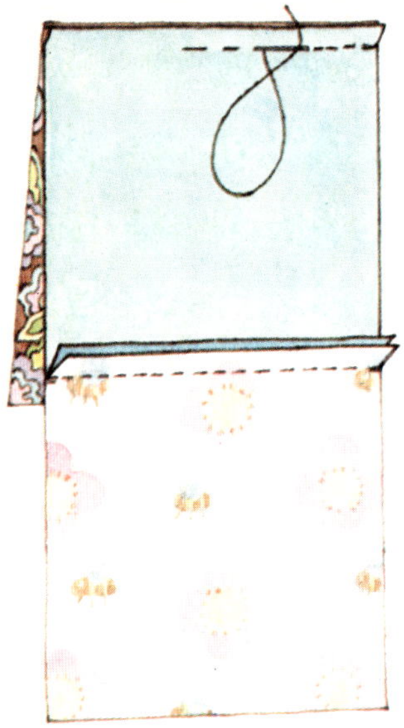

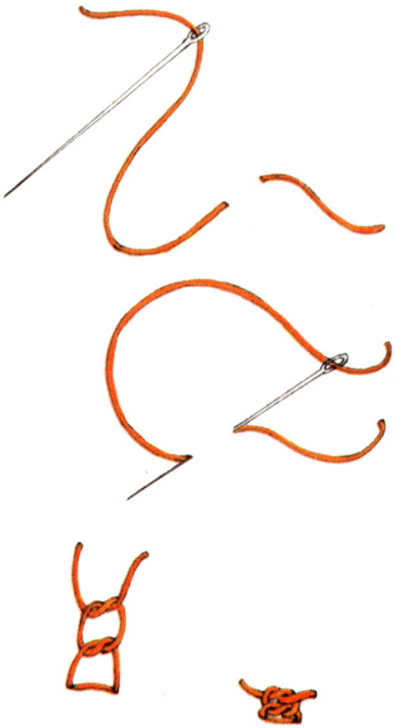

3. Teile mit Vorstichen zusammennähen

4. Oberstoff, Wattierung und Futter zusammenheften

5. Knoten

6. Knoten in jedem dritten Stoffteil

mit denen des Oberstoffs genau abschließen.

☐ Futterstoff so abschneiden, daß er rundherum etwa 2,5 cm breiter als der Oberstoff ist. Die überstehende Kante 5 mm nach innen einschlagen, heften und bügeln.

☐ Die Ecken nach oben einschlagen und jede Spitze etwa 10 mm weit abschneiden (7). Nun auch alle Kanten nach oben einschlagen, so daß sie an den Ecken im Winkel zusammenstoßen, dann heften.

☐ Ecken und Kanten mit Hohlstichen oder mit der Nähmaschine festnähen (8).

☐ Sämtliche Heftnähte entfernen.

7. Umgeschlagene und abgeschnittene Ecken

8. Kante mit Hinterstichen rechts angenäht

Kinder-Quilt

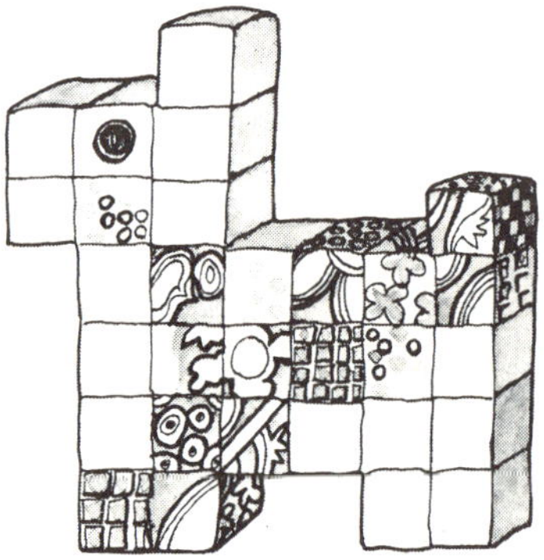

Der Spielzeughund besteht aus 92 Quadraten, 30 für jede Seite und 32, zu einem Streifen genäht, für das verbindende Stück in der Mitte. Wie auf der Zeichnung dargestellt, die Stoffteile zu der Hundeform nähen und mit Kapok oder Schaumgummistückchen füllen.

Die Hose nach einem Schnitt arbeiten. Erforderliche Stoffmenge aus Quadraten zusammennähen, gut bügeln und Papiereinlagen entfernen. Schnittmuster auflegen und entsprechend zuschneiden, ebenso das Futter, falls nötig zwei Streifen aus einfarbigem Stoff für Stege. Eventuell auch gleich Teile zum Verlängern anfertigen.

Dieser hübsche Kinderrock wird aus 60 10 qcm großen Quadraten genäht. Der Rock ist 6 Teile lang und 10 Teile breit, in der Taille gekräuselt und mit einem Band eingefaßt. In die hintere Naht wird ein 15 cm langer Reißverschluß eingenäht. Der Saum wird mit dem gleichen Stoff wie das Taillenband eingefaßt. Das Mädchen auf der Abbildung ist 5 Jahre alt.

Hier sind alte amerikanische Quilts aus Georgia abgebildet, die als Anregung dienen sollen.

Der Quilt links aus Wollstoff wurde aus Rechtecken zu einem Zickzack-Muster zusammengenäht. Das kontrastreiche Rot und Schwarz wird durch die kühlen Beige-, Blau- und Grautöne ausgeglichen.

Die vierteiligen »Schachbrett«-Blocks werden durch hell- und dunkelblaue Streifen verbunden.

Bei diesem Quilt oben, aus lauter gleichgroßen Quadraten, verdunkeln sich die Pastelltöne der Mitte stufenweise zur einfarbigen roten Außenkante hin.

Dreiecke und Rhomben

Dreiecke

Beim Patchwork findet man alle möglichen Dreiecksformen. Meist erhält man sie durch Zerlegen anderer Formen und kann sie dann auch mit diesen kombinieren.
Zerteilt man ein Achteck (unten) oder halbiert einen Rhombus quer, entstehen gleichschenklige, spitzwinklige Dreiekke. Beliebte Muster, die sich aus solchen Grundformen bilden lassen, sind »Blitzstrahl«, »Tausend Pyramiden« und »Zahn«-Ornament.
Halbiert man ein Quadrat diagonal, bekommt man zwei rechtwinklige Dreiecke (halbquadratische), halbiert man es zweimal diagonal, ergibt das vier kleine rechtwinklige Dreiecke (viertelquadratische).
»Windrad« und »Wirbelwind« sind zwei besonders lebhafte Muster, die nach diesem Prinzip gestaltet werden. Durch die entsprechende Farbwahl entsteht der »Wirbel«-Effekt mehr oder weniger deutlich. Viele schöne alte Muster basieren auf Quadraten, und da es recht einfach ist, sie mit rechtwinkligen Dreiekken zu kombinieren, tauchen die beiden oft zusammen in Mustern auf. Für das Motiv »Fadenspulen« werden z. B. abwechselnd Quadrate in einer Reihe von hellen Dreiecken eingerahmt, in der anderen von dunklen. Dieses einfache Muster kann man für Kanten-Abschlüsse verwenden oder mit vielen aneinandergenähten Streifen für ein größeres Stück.
Ein Block, aus acht gleichschenkligen Dreiecken zu einem Achteck verbunden und mit vier rechtwinkligen Dreiecken zu einem Quadrat ergänzt zeigt ein hübsches, fast kreisförmiges Muster (Seite 23).
Diese Anregungen zeigen nur einen Bruchteil an Kombinationen, die man mit Dreiecken und anderen Formen erfinden kann. Oftmals sind Dreiecke auch sehr nützlich zum Ausfüllen von Lücken, um gerade Kantenabschlüsse zu erzielen.
Die Ecken der Dreiecke werden genau wie bei Rhomben gearbeitet.

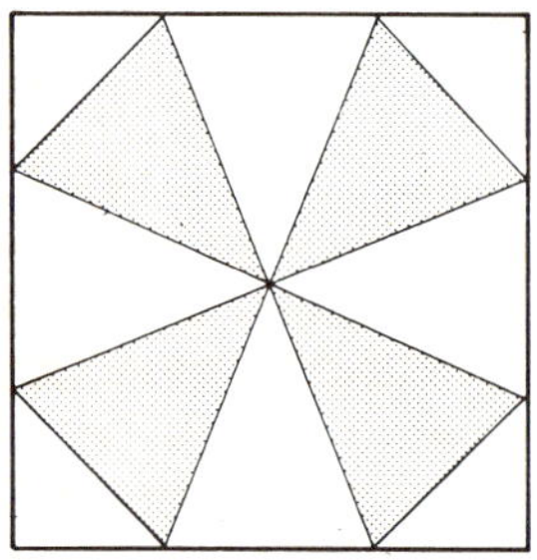

Block aus Dreiecken mit Achteck-Effekt

Rhomben

Der Rhombus allein wirkt effektvoll und kann gut mit anderen Formen kombiniert werden.
Auch hier gibt es verschiedene Grundformen, die sehr bekannt sind und oft gebraucht werden: Rhombus basierend auf dem Sechseck mit je zwei gegenüberliegenden Winkeln von 60° und 120° (Sechseck = 3 Rhomben); »gestreckter« Rhombus mit je zwei gegenüberliegenden Winkeln von 45° und 135° (ein rechter Winkel wird geteilt).
Die spitzen Winkel sind schwieriger zu verarbeiten als die stumpfen, da man sie zweimal einschlagen muß. Dabei sorgfältig vorgehen, sonst wird das Teil zu dick und ungleichmäßig. Beim Anfertigen der Stoffteile und Einlagen so vorgehen wie auf Seite 10 beschrieben. Damit die spitzen Winkel exakt werden, sollte man möglichst festes Papier oder Karton als Einlage verwenden. Beim Ausschneiden von Rhomben das Gewebe immer so anordnen, daß eine Kante parallel zum Fadenlauf liegt.

Arbeitsgang (siehe Seite 10)

☐ Papiereinlage auf die Mitte des Stoffteils stecken.
☐ Rechte Stoffkante umschlagen und mit zwei Heftstichen befestigen.
☐ Ecken umschlagen, nicht heften.
☐ Linke Stoffkante umschlagen und heften. Genauso die anderen beiden Seiten. Die spitzen Winkel, wie auf Seite 10 abgebildet, einschlagen, die stumpfen, wie auf Seite 17 gezeigt, diagonal zusammenstoßen lassen.
☐ Die Teile mit kleinen, gleichmäßigen Stichen zusammennähen, und zwar immer vom stumpfen zum spitzen Winkel. Das ist bei einem »Stern«-Muster sehr wichtig.

Seide und Samt können zusammen sehr schön sein, wenn sie zu einem einfachen »Gitter«-Muster verarbeitet werden. Anfangs jedoch lieber mit einer weichen, fest gewobenen Baumwolle üben, die sich leichter falten und säumen läßt. Samt und dicke Stoffe lassen sich nur schwer zu spitzen Winkeln falten.
Mit dem Rhombus kann man plastisch (dreidimensional) wirkende Muster entwerfen, wenn jeweils drei Teile verschiedener Farbtöne – einem hellen, dunklen und einem dazwischen liegenden – zu einem »Würfel« (Sechseck) zusammengenäht werden (»Bauklötze«, »Bausteine«). Eine große Fläche in diesem Muster wirkt ermüdend; es ist deshalb eher als Kantenabschluß geeignet. Eine andere, beliebte Borte ist das Zickzack-Muster, oft aus zwei Kontrastfarben. So kommt man auch zum sechszackigen Stern. Der gestreckte Rhombus ist Ausgangspunkt für die »Milchstern-Blüte«, einem beliebten amerikanischen Muster. Die acht Zacken sind weit ausgedehnt zu einer riesigen Sternform, die sich für einen doppelten Bettüberwurf anbietet. Gestreckte Rhomben können gut mit Quadraten und rechtwinkligen Dreiecken kombiniert werden.

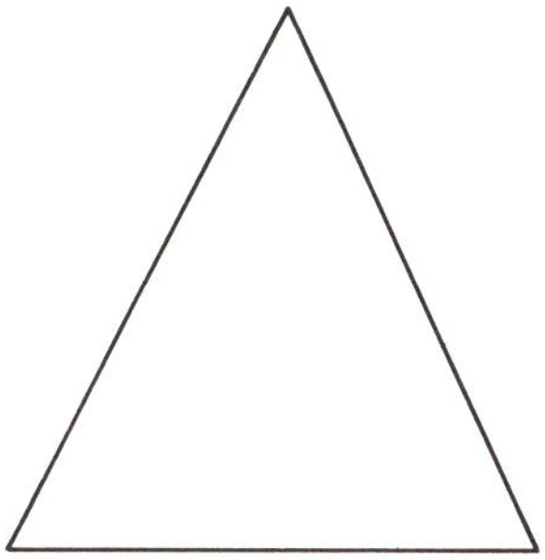

Gleichschenkeliges Dreieck

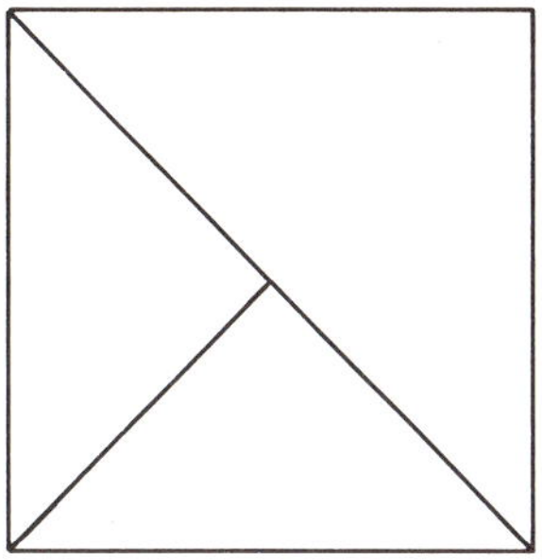

Rechtwinklige Dreiecke
(ein »halbquadratisches«
und zwei »viertelquadratische«)

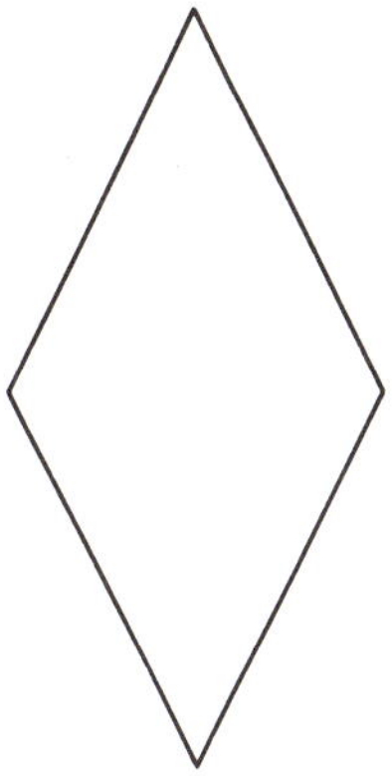

Rhombus

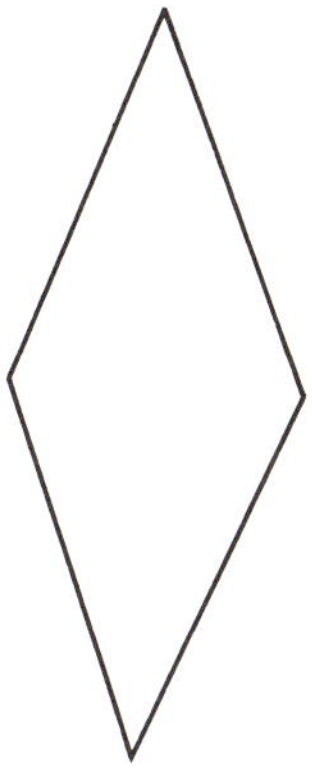

Gestreckter Rhombus

Blitzstrahl

Tausend Pyramiden

Zahn-Ornament

Fadenspulen

Windrad

Wirbelwind

Patchwork-Album

Bauklötze

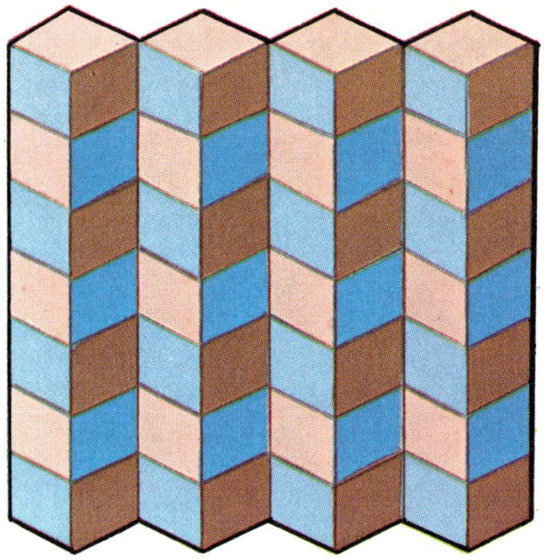

Bausteine

Gitter

Sechszackiger Stern

Achtzackiger Stern

Milchstern-Blüte

Das Album sollte mit einer Kordel zusammengebunden sein, damit der Deckel abgenommen werden kann. Für ein normal großes Album braucht man etwa 50 x 90 cm Baumwollpopeline als Hintergrund. Eine dunkle Farbe ist besser geeignet, damit Fingerspuren nicht sichtbar sind (außer man möchte ein Hochzeits- oder Babyalbum beziehen).
Für die »Würfel« aus jeweils drei Rhomben drei Farbtöne wählen (hell-dunkel-dazwischen), damit sie perspektivisch wirken. Am besten eignet sich Batist, denn je feiner der Stoff ist, desto einfacher sind die spitzen Winkel zu arbeiten. Rhomben mit Seitenlängen von etwa 3 cm plus Nahtzugabe (5–10 mm) ausschneiden. Genau an den Papiereinlagen entlang heften und bügeln. Teile rechts auf rechts legen und mit möglichst kleinen Stichen zusammennähen. Jeweils drei Teile zu einem Würfel zusammennähen und von beiden Seiten bügeln; dann die Würfel aneinandernähen, wieder bügeln, Heftfäden und Papiereinlagen entfernen.
Zum Beziehen den Stoff in der Größe des ganzen Deckels (vorne, hinten und Rücken) sowie der Innenseiten zuschneiden, plus etwa 2 cm oben und unten zum Einschlagen.
Patchwork auf die rechte Stoffseite des vorderen Deckelteils legen, aufheften und mit kleinen Stichen festnähen. Heftfäden herausziehen und Stoff von beiden Seiten bügeln.
Die Hülle wie rechts gezeigt von links zusammennähen und wenden. Entsprechende Stellen für Ösen markieren,

links jeweils ein kleines Stoffstück zum Verstärken auflegen und die Löcher einschneiden. Von rechts die Kanten mit Knopflochstichen umnähen, überflüssigen Stoff links rundherum abschneiden und die Stellen gut ausbügeln. Beide Deckel rechts auf rechts gelegt etwas biegen und dann vorsichtig die Stoffhülle überziehen. Mit Kordel wieder Deckel und Innenseiten verbinden.

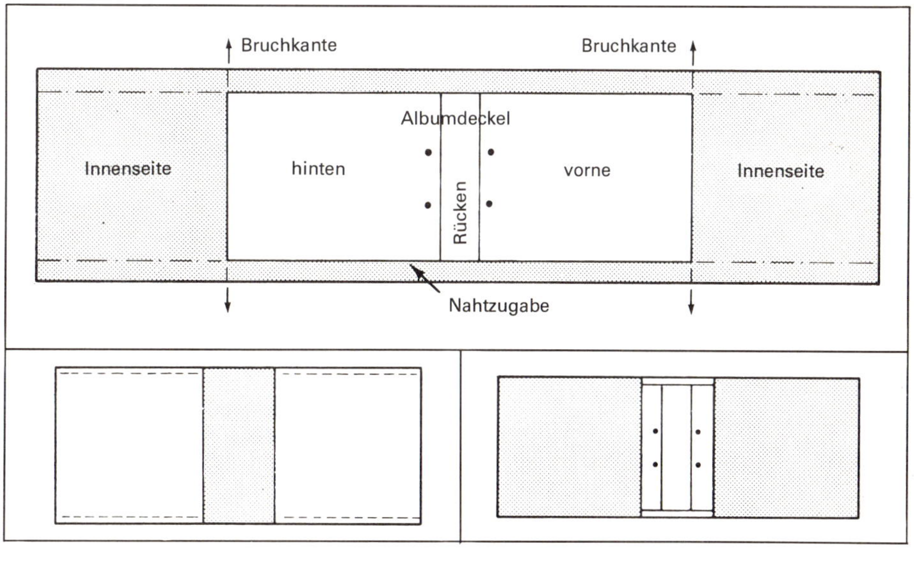

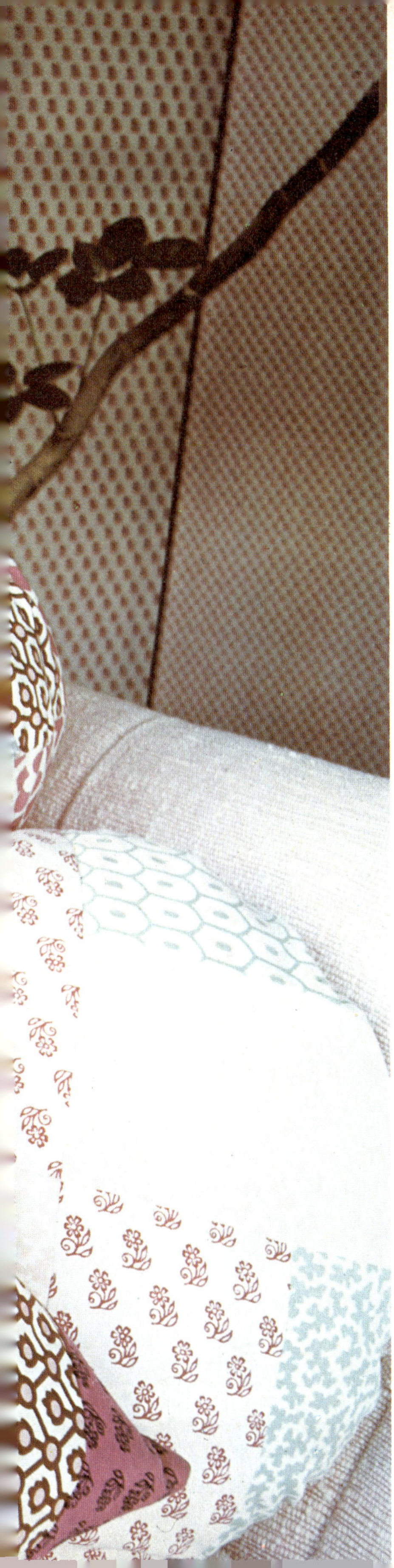

Patchwork-Kissen

Diese Kissen sind einfach zu nähen und man kann dafür hübsche Stoffreste aufbrauchen. Die Arbeit geht schnell voran, da die Muster aus Quadraten, Rechtekken (Streifen) mit der Nähmaschine zusammengefügt werden können.

Stoff
Es sollten keine alten und neuen Stoffe zusammen für eine Arbeit verwendet werden, da diese sonst ungleichmäßig ausfällt. Aus dem gleichen Grund sollte man auch nicht verschiedene Qualitäten mischen, wie z. B. Nylon und Baumwolle oder verschieden schwere Arten, wie grober Baumwoll, Denim und Batist.
Richtig ist es, jeweils nur Teile gleicher Stoffqualität zu kombinieren.

Muster
Man kann lauter Quadrate gleicher Größe zu Streifen aneinandernähen oder man kombiniert Quadrate und Rechtecke verschiedener Größe. Beim erstgenannten Muster muß die Arbeit sehr genau ausgeführt werden, damit die Nähte zusammenpassen. Das zweitgenannte Muster sollte man erst auf Papier entwerfen, das vereinfacht das Ausschneiden der Stoffteile. Man verwendet kariertes Papier und zeichnet die Formen für ein ganzes Kissen darauf. (Falls nötig, im richtigen Verhältnis verkleinern.) Die handlichste Größe der Quadrate liegt zwischen 5 und 15 cm Seitenlänge. Die der Rechtecke liegt bei 5 bis 10 cm für die kurzen Seiten, bei 10 bis 15 cm für die langen. Rechtecke können nach dem »Backsteinmauer«-Prinzip (Seite 12) gestaltet werden. Man näht sie dabei an den schmalen Seiten erst zu Streifen zusammen. Beim Zusammennähen der Streifen treffen die senkrechten Nähte einer Reihe jeweils auf die Mitte der Teile der anderen Reihe. Deshalb braucht man auch für einen geraden Abschluß an den rechten und linken Außenseiten einige halbe Teile.

Zusammennähen
Die Stoffteile (alle mit einer Nahtzugabe von 5 mm rundherum) erst zu Streifen für die waagrechten Reihen aneinandernähen. Ist man geübt im Maschinennähen, braucht man die Teile nicht erst zu heften, sondern kann die Stecknadeln im rechten Winkel zu den Kanten anbringen und mit dem Maschinenfuß darüber hinweggehen. Müssen Nähte genau zusammentreffen, immer erst Nadeln durch diese Stellen stecken, dann durch die Räume dazwischen. Nach jedem fertigen Streifen die Nahtkanten auseinanderbügeln. Schließlich die Streifen zur Fläche zusammenheften und zusammennähen.

Abschlußarbeit
Da die Nahtkanten innen liegen, braucht man Kissenhüllen nicht zu füttern. Weitere Anregungen siehe auf Seite 28.

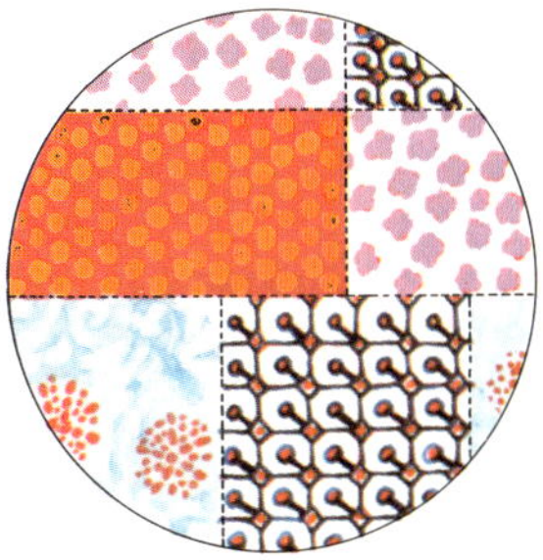

Einfache Kissen

Auch Kissen tragen viel zur individuellen Raumgestaltung bei. Man kann sie aus allen möglichen Stoffarten, in verschiedenen Formen und Größen nähen. Die Farben sollte man aber mit der übrigen Ausstattung abstimmen. Kissen sind zudem eine gute Vorübung für schwierigere Arbeiten.

Stoff

Die meisten Stoffe können für flache Kissen ohne Einfassungen verwendet werden, wobei allerdings sehr feine Stoffe gewöhnlich ein Futter brauchen und schwieriger zu verarbeiten sind. Will man die Kanten mit einer stoffbezogenen Kordel einfassen, sind dafür locker gewobene Stoffe ungeeignet, da die Kordel durchscheint.

Stoffmenge: Für einfache, flache Kissen zweimal die Größe plus etwa 2 cm Nahtzugabe rundherum (für 30 x 30 cm Kissen also 34 x 68 cm Stoff). Soll es, wie oben erwähnt, noch eingefaßt werden, braucht man für die Schrägstreifen noch etwa 45 cm mehr.

Einfaches, quadratisches oder rechteckiges Kissen

Man braucht dazu:
Stoff wie beschrieben
Passendes Garn
Kissenfüllung

☐ So wird gearbeitet: Zwei Stoffstücke für Vorder- und Rückseite ausschneiden.

☐ Rechts auf rechts legen, drei Seiten heften und mit der Maschine zusammennähen.

☐ Die Kanten der vierten Seite nach links umschlagen und bügeln.

☐ Ecken etwas abschneiden (1). Nahtkanten versäubern, das Ganze wenden und bügeln.

Kissen in verschiedenen Formen, Größen und Stoffen

☐ Kissenfüllung hineinstecken, offene Seite mit Hohlstichen zunähen. Muß die Hülle gewaschen werden, kann man sie leicht wieder auftrennen. Man kann sie aber auch gleich mit einem Reißverschluß ausstatten, damit sie noch leichter abzuziehen ist.

Einfaches, rundes Kissen

Damit die Form exakt wird, sollte man (mit Hilfe eines Zirkels) ein halbkreisförmiges Papiermuster anfertigen, rundherum mit 1,5 cm Nahtzugabe.

Man braucht dazu:
Stoff für Vorder- und Rückenteil
Passendes Garn
Kissenfüllung

☐ Ein Stoffteil einmal zusammenlegen. Papiermuster mit der geraden Kante an den Bruch legen, feststecken und entlang der Kreislinie ausschneiden. Bruchkante mit Heftstichen markieren.

☐ Zweites Stoffteil genauso ausschneiden.

☐ Beide Teile rechts auf rechts, die markierten Stellen aufeinander legen. Heften und mit der Maschine rundherum bis auf ein Viertel des Umfangs zusammennähen.

☐ Im Abstand von 3 cm V-förmige Einschnitte in die Kanten machen (bis etwa 3 mm vor die Naht – Abb. 2).

☐ Abschließen wie beim viereckigen Kissen.

Eingefaßtes Kissen

Außer flachen, runden Kissen, die ihre Form nicht sehr gut halten, wenn sie gefüllt werden, kann praktisch jedes Kissen mit einer stoffüberzogenen Kordel eingefaßt werden. Diese Einfassung anbringen bevor die Hülle zusammengenäht wird.

Kantensteppfuß: Dieser Spezialfuß der Nähmaschine ist hier sehr vorteilhaft, da man mit ihm eng entlang der Kordel nähen kann.

Der Stoff wird mit den Nahtkanten nach rechts und dem dicken Teil links unter den Fuß gelegt. Diesen fest an die Kordel pressen und so alle Nähte ausführen. An den Ecken die Nadel im Stoff lassen, nur den Fuß heben und das Stück in die neue Richtung drehen.

Kordel beziehen: Kordeln sind meist aus drei Strängen gedreht. Für Kissen eignen sich etwa bleistiftstarke Kordel, man kann jedoch auch dickere verwenden. Da Baumwollkordeln einlaufen können, 25 cm mehr kaufen, 5 Minuten kochen und gut trocknen lassen.

☐ 4,5 cm breite Schrägstreifen zuschneiden und aneinandernähen. Die erforderliche Länge errechnet man aus Kissenumfang plus 10 cm.

☐ Die etwas längere Kordel in die Mitte der linken Streifenseite legen. Kanten

1. Kissen, an drei Seiten zusammengenäht

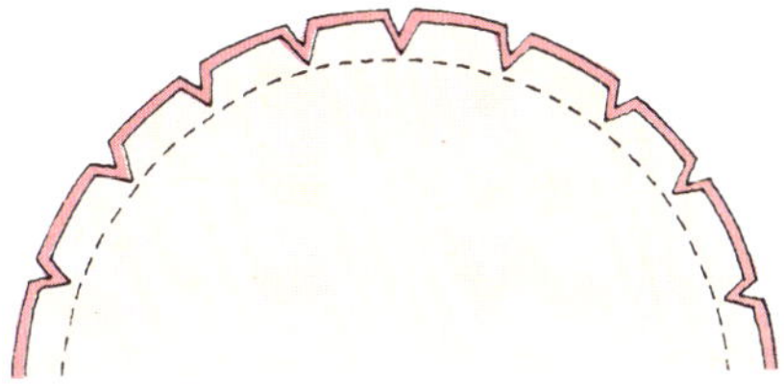

2. Rundes Kissen mit eingeschnittener Kante

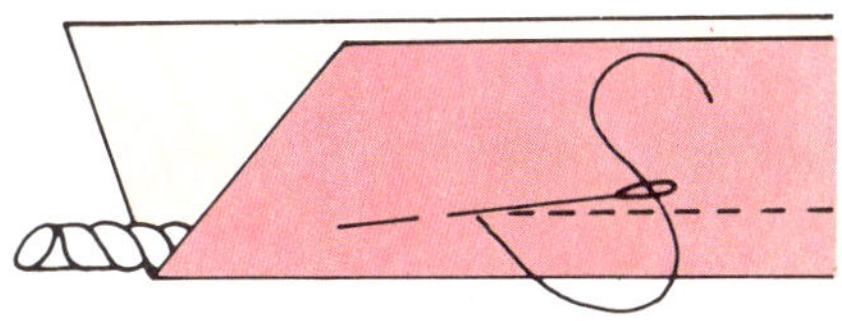

3. Der Schrägstreifen wird um die Kordel gelegt

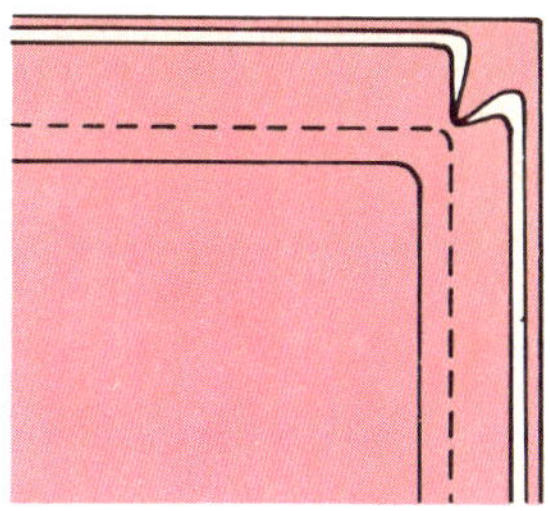

4. Einfassung an die Hüllenkante heften

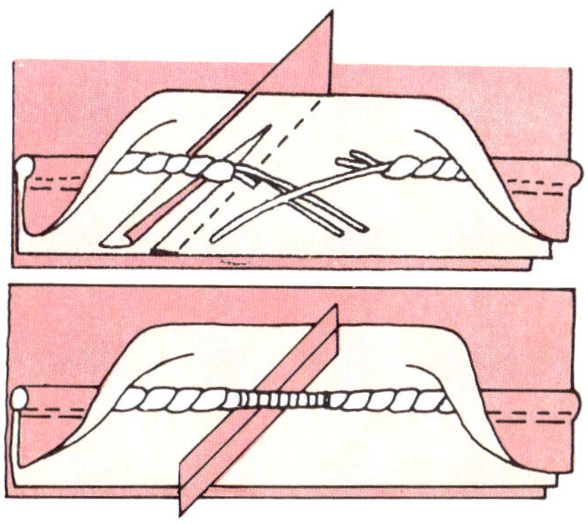

5. Zusammenfügen der Enden

6. Entlang der Kordel heften

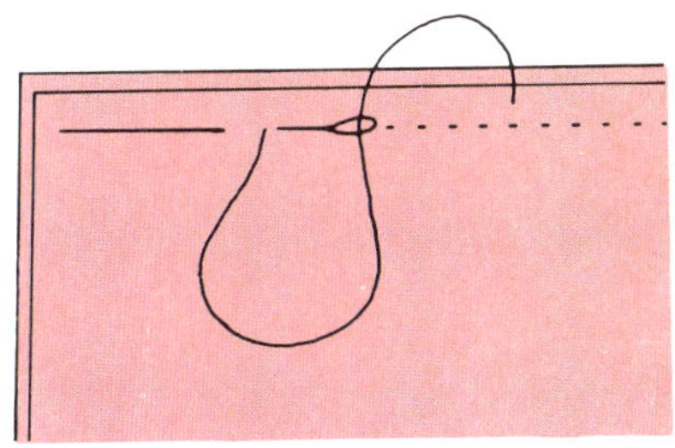

7. Hinterstiche

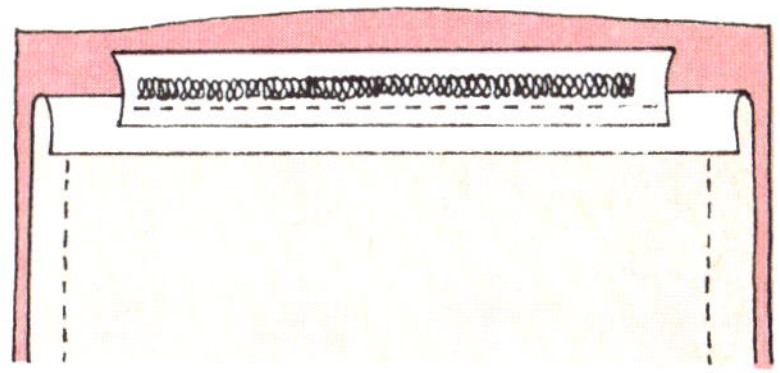

8. Reißverschluß an der eingefaßten Kante festnähen

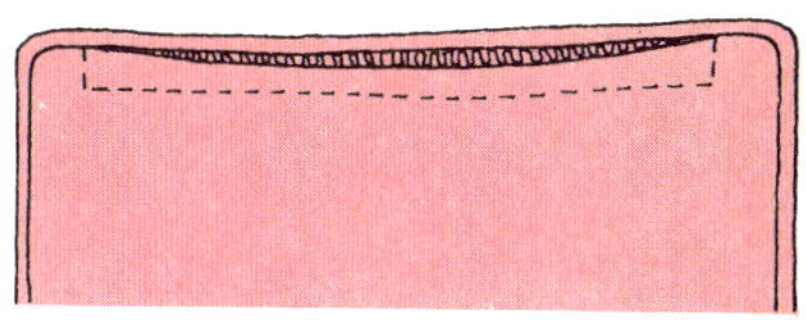

9. Reißverschluß, mit der Nähmaschine eingenäht

zusammennehmen und die Kordel mit Heft- oder Maschinenstichen bis auf 3 cm an jedem Ende eng einnähen (3).

☐ Diese Einfassung auf der rechten Seite an den Kanten eines Hüllenteils feststecken. Dabei in der Mitte einer Kante beginnen, die Ränder des gefalteten Schrägstreifens schließen mit denen der Hülle ab. An den Ecken den Streifen bis zu 3 mm vor der Naht einschneiden, damit die Einfassung flach liegt (4).

☐ Um Anfang und Ende der Einfassung sauber zu vernähen, die beiden nicht gehefteten Enden auffalten und 1,5 cm weit übereinander legen. Genau der Hülle anpassen, beide Teile wie üblich zusammennähen und die Nahtkanten bis auf 6 mm abschneiden.

☐ Kordelenden 3 cm weit übereinanderlegen, den Rest abschneiden. Jedes Ende 3 cm aufdrehen, bei dreifachen Kordeln an einem Ende zwei Stränge, am anderen einen Strang abschneiden. Die übrigen drei zusammendrehen und umwickeln oder vernähen (5). Schrägstreifen darüberlegen, zusammennähen und an die Kissenhülle heften.

Das zweite Hüllenstück auf das eingefaßte legen, rechts auf rechts, die Kordel liegt innen. Heften und die Teile an drei Seiten mit der Maschine zusammennähen; dabei so nah wie möglich entlang der Kordel nähen.

Abschlußarbeit wie beim einfachen Kissen.

Reißverschlüsse einnähen

Muß die Kissenhülle öfters gewaschen werden, ist ein Reißverschluß sehr praktisch, besonders für Kissen mit geraden Kanten. Ein rundes Kissen kann dagegen etwas verzogen werden.

Mit der Hand einnähen: Beide Kissenteile links an drei Seiten zusammennähen und je 3 cm rechts und links an der vierten Seite. Die letzten Stiche fest vernähen. Hülle wenden. Eventuelle Kanten von Einfassungen nach unten bügeln. Die Kordel über die rechte Seite des geschlossenen Reißverschlusses legen, so daß sie auf der Mitte entlang den Zähnen liegt. Hülle und Reißverschluß an der Kordel entlang zusammenheften (6). Die andere Kante so auf den Reißverschluß legen, daß sie mit der Kordel zusammenstößt. Knapp entlang der Zähne und an beiden Enden bis zur anderen Naht heften. Mit doppeltem Faden und Hinterstichen entlang des Heftfadens annähen (7).

Mit der Maschine einnähen: Auf der linken Hüllenseite den geschlossenen Reißverschluß, rechte Seite nach unten, so nah wie möglich entlang der Kordel legen. Heften und mit dem Kanten-

steppfuß (an die Kante) annähen (8). Hülle wenden und die andere Kante auf den Reißverschluß legen, so daß sie mit der Kordel zusammenstößt. Heften und etwa 1 cm von der Kante entfernt annähen. Von beiden Enden aus hinüber zur anderen Naht nähen (9). Reißverschluß aufziehen, Hülle nach links wenden, und die inneren Nahtkanten einschneiden. Man könnte den Reißverschluß auch einnähen, bevor die anderen drei Seiten geschlossen werden.

Kissenfüllungen
Obwohl sie fertig zu kaufen sind, kann man sie der gewünschten Größe und Form entsprechend auch leicht selbst nähen.

Füllung: Daunen sind sehr angenehm, aber sehr teuer. Federn sind ein guter Ersatz. Viele ziehen auch synthetische Vlies-Füllungen vor, da diese gewaschen werden können. Kapok oder Schaumstoff sind zwar billiger, aber Kapok wird leicht klumpig und Schaumgummi mit der Zeit unter Umständen etwas hart.

Inlett: Alte Leintücher, Kattun oder andere fest gewobene Stoffe sind geeignet. Bei Daunen oder Federn braucht man speziellen Inlettstoff.

Arbeitsgang: Das Inlett auf dieselbe Art wie das einfache Kissen nähen. Daran denken, daß es rundherum etwa 1,5 cm kleiner als das fertige Kissen sein sollte. Von rechts bügeln.

Das Inlett prall, jedoch nicht hart, füllen, auf die Ecken achten.

Die offene Seite zusammenstecken, heften, und mit der Maschine eng an der Kante entlang zusammennähen.

Eingefaßtes Kissen

Schrägstreifen anfertigen

Überprüfen Sie, ob alle Kanten des Stoffstücks fadengerade verlaufen. Die Webkante (Längskante) so umfalten, daß sie parallel zu den Querfäden liegt. Den diagonalen Stoffbruch ohne zu ziehen bügeln und aufschneiden.

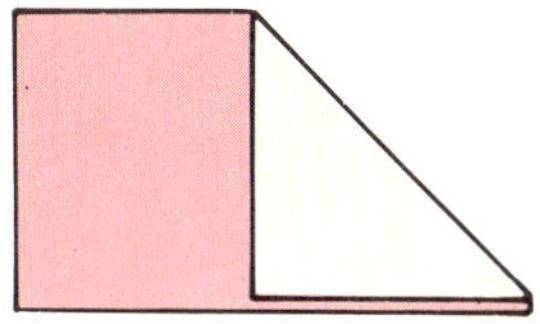

Mit Kreide, von der schrägen Stoffkante ausgehend, Linien im Abstand der gewünschten Streifenbreite ziehen, dann ausschneiden. Eventuell Kartonstreifen zu Hilfe nehmen. Alle Enden der Streifen in gleicher Schrägrichtung und fadengerade abschneiden.

Um die Dehnbarkeit zu erhalten, die Streifen entlang dem Fadenlauf zusammennähen: Zwei Streifenenden rechts auf rechts im rechten Winkel aufeinander legen, Kante von 5 mm stehen lassen, heften und zusammennähen. Nahtkanten auseinanderbügeln und die überragenden Ecken abschneiden.

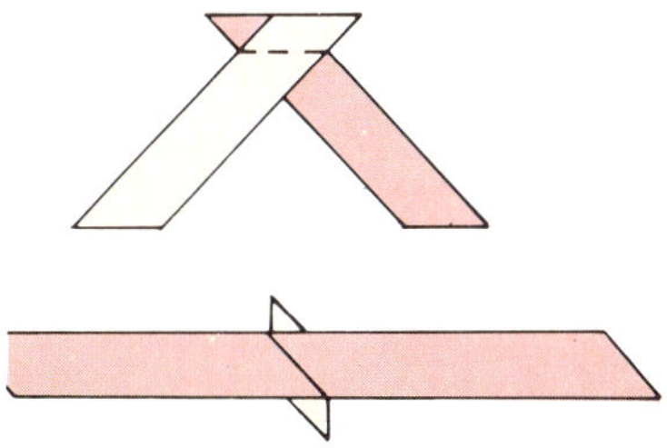

Sechsecke

Für die erste Arbeit ist das Sechseck mit seinen gleichlangen Seiten bei weitem die einfachste Form. Durch die stumpfen Winkel kann man die Stoffkanten leicht um die Ecken falten.
Sieben Sechsecke ergeben eine Rosette. Man beginnt am besten mit diesem einfachen, attraktiven Muster und fertigt z. B. ein Tischset (unten), aus kleineren Teilen ein Nadelkissen an, oder näht sie auf eine Schürzen- oder Kleidertasche.

Mehrere Rosetten ergeben auch eine hübsche Kissenhülle.
Beim Ausschneiden der Stoffteile am besten immer zwei parallele Seiten an den Fadenlauf legen. Beim ersten Versuch sollte man feste, reine Baumwolle verwenden, andere Arten sind schwieriger zu verarbeiten. Vor der Arbeit den Stoff glatt ausbügeln. Sieht man die umgeschlagenen Kanten durch den Stoff, sollte man statt Papiereinlagen Vlieseline nehmen, und diese Einlage dann unter dem Stoff belassen.
Das Tischset ist aus pastellfarbig geblümtem Batist. Beim Entwurf eines Musters anfänglich grelle Kontrastfarben oder grobgemusterte Stoffe vermeiden. Sobald man mehr Erfahrung hat, kann man versuchen, bestimmte Effekte durch Farb-, Ton- und Gewebekombinationen zu erzielen.
Wie Einlagen und Stoffteile zusammengefügt werden, ist auf Seite 10 beschrieben. Eine Rosette wird wie folgt

gearbeitet: Zwei Teile rechts auf rechts legen und entlang einer Kante überwendlich zusammennähen. Das dritte Teil kommt in den entstandenen Winkel und so fort. Danach Nähte links ausbügeln. Muß rechts gebügelt werden, Heftfäden vorher herausziehen. Papiereinlagen bleiben, damit sich die Nahtkanten nicht abdrücken. Dann die Papiereinlagen herausnehmen, und die Außenkanten der Rosette heften, damit sie nicht ausfransen. Die Rosette auf den Futterstoff legen und mit einem Bleistift die Kante umreißen; mit einer Zugabe von 1 cm rundherum zuschneiden. Kanten nach links einschlagen, Ecken

»Großmutters Blumengarten« – Quilt aus doppelten Rosetten mit gelber Blüte

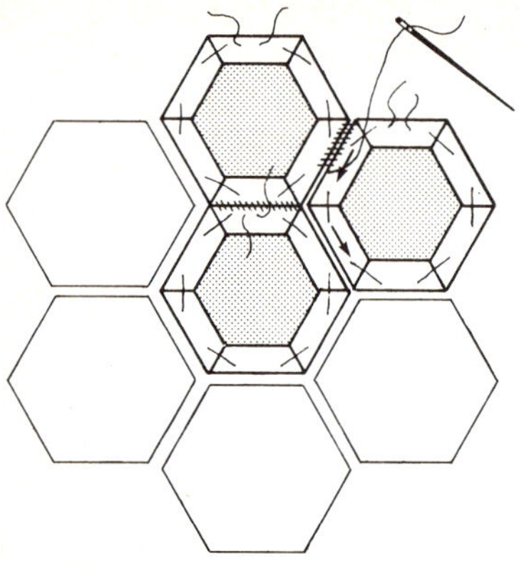

Sechsecke zu einer Rosette zusammennähen

etwas abschneiden und mit Patchwork links auf links überwendlich zusammennähen. Heftfäden herausziehen.
Soll die Rosette auf ein Stoffstück appliziert werden, dort feststecken, heften und mit kleinen Hohlstichen rundherum annähen. Heftfäden herausziehen und vorsichtig bügeln.
Früher nannte man einen Quilt aus lauter Sechsecken »Mosaik« oder »Bienenwabe« (Waffelmuster). Die Rosettenform (oben) entwickelte man, da es eine hübsche und praktische Art war, kleine Stoffmengen zu verwerten, ohne gleich große Muster machen zu müssen. Außerdem ist es einfacher, mit kleinen Teilen zu arbeiten.
»Großmutters Blumengarten« (Seite 36) oder »Französisches Bukett« sind Namen, mit denen man amerikanische Quilt-Muster beschrieb, bei denen eine Rosette die Blume darstellte und eine zweite Reihe mit Sechsecken rundherum aus grüngemustertem Stoff die Blätter. Solche doppelten Rosetten wurden durch weiße oder bunte Sechsecke, die die Wege symbolisierten, verbunden. Einfacher geht es, wenn man weißes oder naturfarbenes Pikeematerial in der Größe eines Bettüberwurfs kauft und die einfachen oder doppelten Rosetten regelmäßig verteilt aufnäht. Als Kantenabschluß sehen halbe oder ganze Sechsecke gut aus, oder man nimmt Rosetten und verbindet sie mit Sechsecken wie bei einer »Girlande« (Seite 36/37).

Beim Entwerfen einer Borte wie »Ozeanwellen« darauf achten, daß genügend Stoff vorhanden ist, um das Muster ganz auszuführen.
Viele begnügen sich damit, beim Patchwork ausschließlich das Sechseck zu verwenden, da es am einfachsten zu verarbeiten ist. Sie wissen nämlich auch, daß man es vielfältiger anwenden kann als es zunächst scheint. Farben, Stoffe und Muster – alles ist wichtig für einen schönen Entwurf, und nichts regt mehr an, als eine große Auswahl an Stoffen. Deshalb sollte man sammeln, was man nur findet!

Farben
Bei der Auswahl die Farben harmonisch aufeinander abstimmen. Sind Kontraste falsch, verschwimmt das ganze Muster. Gruppierungen von Stoffteilen in einer kräftigen Farbe können sehr übergewichtig werden und einzelne Teile oder gemusterte der gleichen Farbe überdecken. Einige Farben erscheinen durch andere daneben verändert – Weiß neben Rot wirkt Rosa, Gelb neben Rot wirkt Orange. Man muß einfach mit Farben und Tönen, gemusterten und einfarbigen Stoffen sowie deren Proportionen experimentieren, um herauszufinden, wie man welche Effekte erzielen kann.
Mit einem Hintergrund arbeiten: Viele Stücke basieren auf einer ausgewogenen Verbindung von Muster und Hintergrund. Gewöhnlich wird der Hintergrund mit neutralen oder verbindenden Farben zwischen den Gruppen gestaltet, die wiederum das Muster bestimmen. Schwarz wirkt zum Beispiel sehr ausdrucksvoll.
Farben abstufen: Jede der drei Grundfarben (Gelb, Rot, Blau) kann sehr schön abgestuft werden. Bei Blau kann man von Hell bis Dunkel gehen und über Türkis zu Grün.
Kontrastfarben: Viele Patchworks werden mit nur zwei Farben gestaltet, einer hellen und einer dunklen. Dabei ist Weiß und Schwarz der intensivste Kontrast. Feinere Kombinationen kann man durch einen hellen und einen dunklen Ton der gleichen Farbe erzielen.
Mehrfarbige Zusammenstellungen: Anfangs beschränkt man sich lieber auf weniger Farben und Töne, da es sonst schwieriger ist ein richtiges Muster zu entwerfen. Es ist verführerisch, viele bedruckte Stoffe zu verwenden, aber das fertige Stück wirkt leicht verwirrend. Besser ist es erst einen gemusterten mit einem einfarbigen Stoff kombinieren, und dafür eine Farbe aus dem gemusterten wählen. Kunterbunt zusammengewürfelte Farben sehen hübsch aus, erfordern jedoch großes Farbempfinden. Man braucht auch mehr Zeit, da immer wieder geprüft werden muß, ob die Farben gut verteilt sind und das Muster ausgewogen zur Geltung kommt.

Gewebearten
Einfache Muster oder Farbkombinationen können durch unterschiedliche Gewebearten interessanter werden. Alte Arbeiten zeigen, wie auf einem weißen Hintergrund aus verschiedenen Damaststoffen feine Schattenwirkungen entstehen.

Muster
Bevor man an die Arbeit geht, muß die Größe der Stoffteile und das Muster in ein Verhältnis zur Größe und Form des geplanten Gegenstandes gebracht werden. Das heißt zum Beispiel, daß man für einen kleinen Quilt kleinere Sechsecke wählt und dann die passenden Stoffe aussucht.
Wenn das Muster die Verwendung eines bestimmten Stoffes erfordert, vorher prüfen, ob genug da ist. (Zum Entwurf siehe auf Seite 9)
Eine Skizze ist immer sehr hilfreich, denn ein falsch plaziertes Teil kann das ganze Muster ruinieren.

Rosetten
Eine einfache Rosette (1) wird aus sieben Sechsecken hergestellt, die äußeren sind dabei oft aus derselben Farbe. Will man sie variieren, ist es wichtig, daß Farben und Muster der Stoffteile so abgestimmt werden, daß das Ganze eine harmonische Form bildet. Für ein Muster aus vielen einfachen Rosetten kann man jeweils das mittlere Sechseck in der gleichen Farbe anlegen.
Eine zweite Reihe von Sechsecken rund um die Rosette genäht, in einem ande-

1. Einfache Rosette

3. Bienenwaben
zu einer Girlande appliziert

Diamant-Rosette

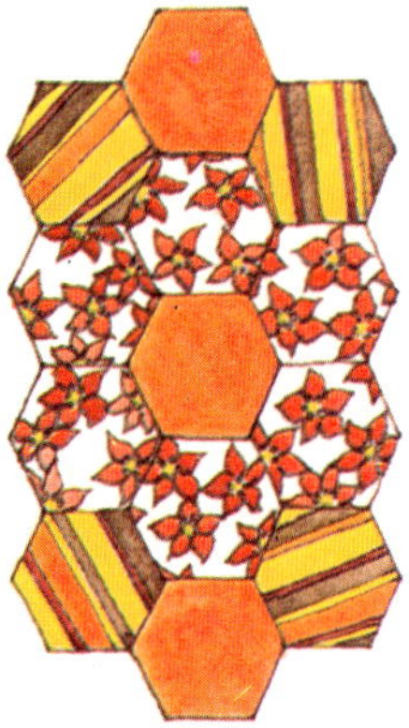

Erweiterte Rosette

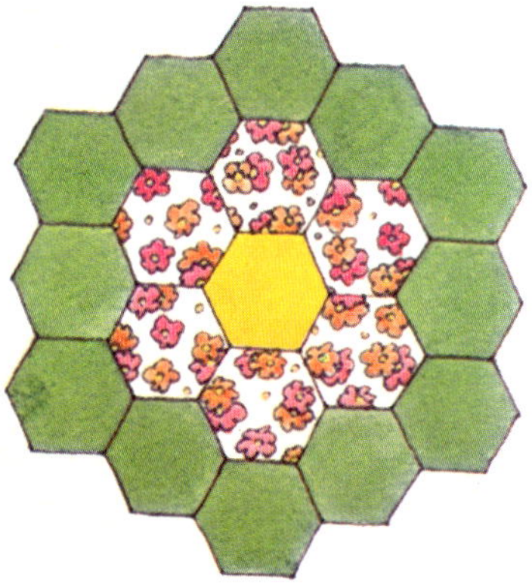

2. Doppelte Rosette

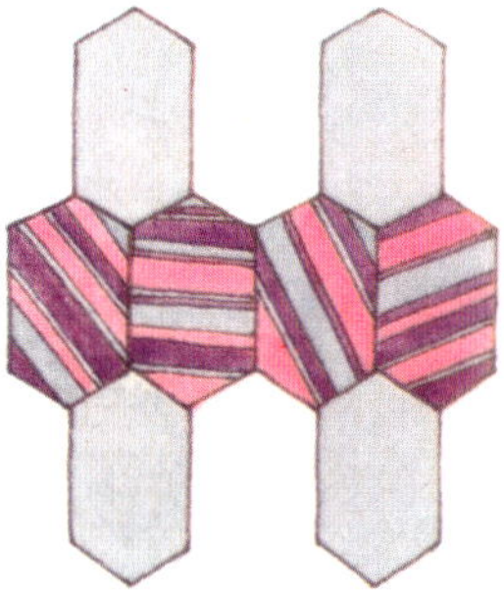

Kirchenfenster-Borte

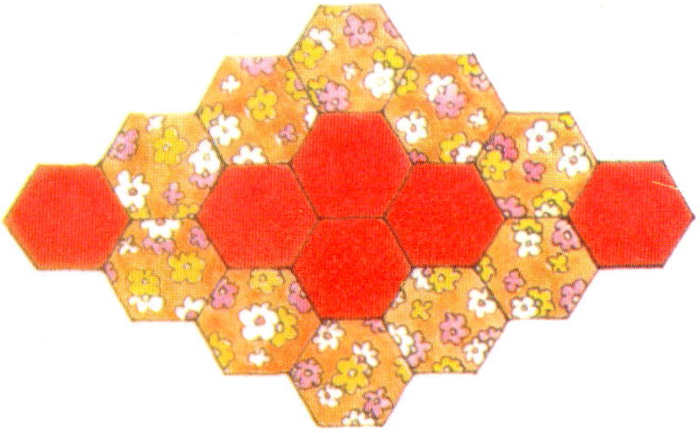

Gestreckte Rosette

ren Ton oder in einer anderen Farbe, bildet die doppelte Rosette (2), eine dritte Reihe eine dreifache.

»Großmutters Blumengarten«
Dieses schöne, traditionelle Muster, entsteht aus doppelten Rosetten (siehe auch Foto S. 32/33).

Andere Muster
Einige Grundmuster zeigen die Abbildungen oben, die Möglichkeiten sind jedoch unbegrenzt. Man muß nur ein bißchen experimentieren.

Muster für Kanten
Vorhänge, Volants, Bettüberwürfe, Rocksäume und Tischtücher können mit Sechsecken verziert werden. »Ozeanwellen« ist ein traditionelles Bortenmuster. Am schönsten wird es in Farbabstufungen vom Hellen ins Dunkle.
Alle abgebildeten Muster außer 3 können als Teil eines größeren Patchworkstückes gearbeitet werden. Oder, was schneller geht – man kann sie als Bortenmotiv oder einzelne Teile auf einen Hintergrund applizieren.

Abwandlung des gleichseitigen Sechsecks
Das »Kirchenfenster« oder die »Laterne« erhält man durch Verlängern des gleichseitigen Sechsecks.

Ein Ausschnitt des Quilts »Großmutters Blumengarten«

Ozeanwellen A

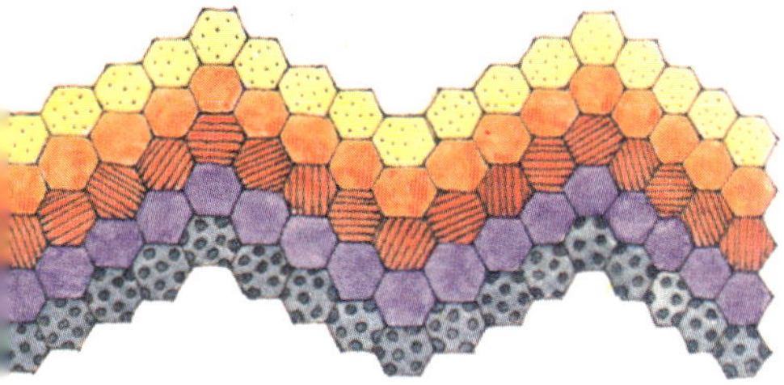

Ozeanwellen B

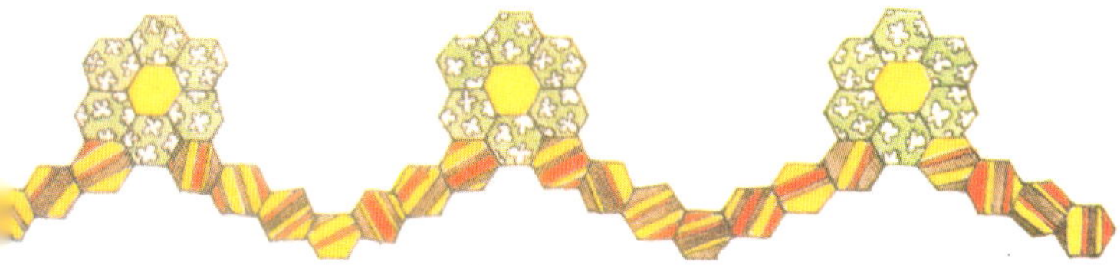

Girlande

Sechszackiger Stern

Abwandlungen des Sechsecks *Das Kirchenfenster und die Laterne entstehen aus der Bienenwabe, die als Grundform dient*

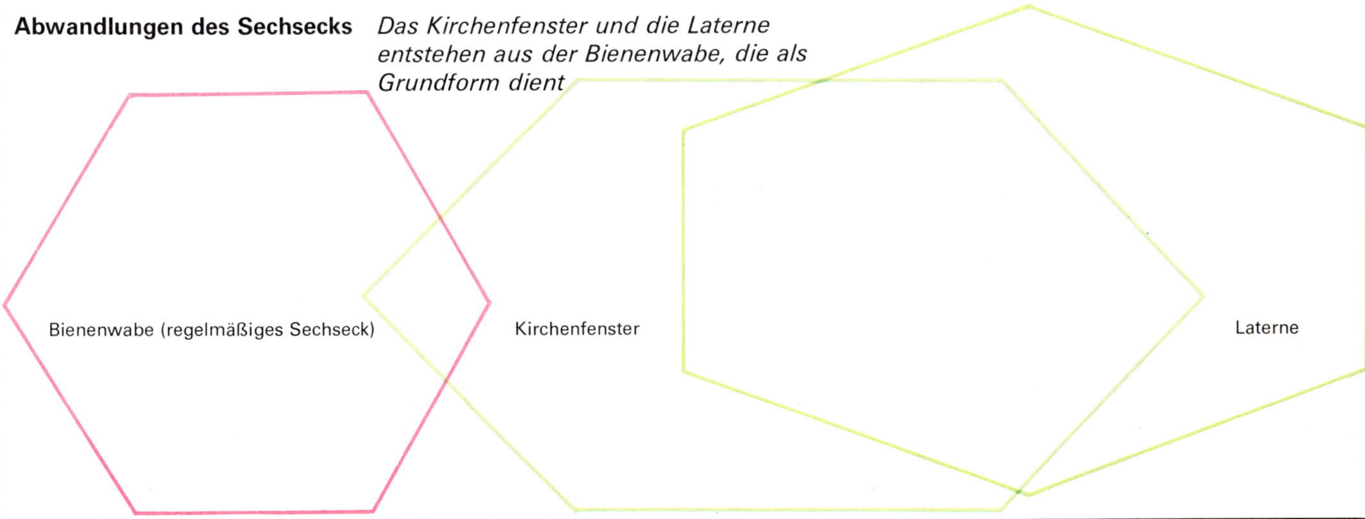

Andere Formen

Fünfeck: Die Form mit fünf gleichlangen Seiten kann für flache Arbeiten nur mit anderen Formen zusammen verwendet werden. Zwölf Teile ergeben einen Ball. Ein anderes Fünfeck ist z. B. ein »abgeschnittener« Rhombus. Sechs davon um ein Sechseck genäht ergeben einen spitz zulaufenden Stern.
Achteck: Durch die acht stumpfen Winkel ist es leicht zu verarbeiten, als Muster jedoch nur zusammen mit einem Quadrat. Für den Anfang ist es gut geeignet, da es auch großflächig gut wirkt. Ein ausdrucksvolles Muster entsteht aus verschiedenfarbigen Achtecken mit lauter Quadraten einer dunklen Farbe kombiniert.
Unregelmäßige Sechsecke: Für das »Kirchenfenster« verlängert man zwei gegenüberliegende Seiten. Mit Quadraten oder Achtecken wirkt es sehr gut, aber auch zu einem Stern gelegt oder nebeneinander als Kantenabschluß ist es ein attraktives Muster. Die »Laterne« mit ihren besonders stumpfen Winkeln wird meist alleine verwendet.
Rhomboid: Dieses Parallelogramm wird aus dem Rechteck entwickelt. Werden helle und dunkle Farbtöne verwendet, kann man einer Kante einen in Falten gelegten, plastischen Ausdruck geben (Seite 58). Zusammen mit einem Quadrat erzielt man einen »Baustein«-Effekt (Seite 20) oder ein stufenähnliches Muster (Seite 58).
Rechteck: Die schmale Streifenform ist nützlich, um mit anderen Formen als Füllstück verwendet zu werden. Kombiniert mit dem Achteck und dem Quadrat, erzielt man ein »geflochtenes« Muster.

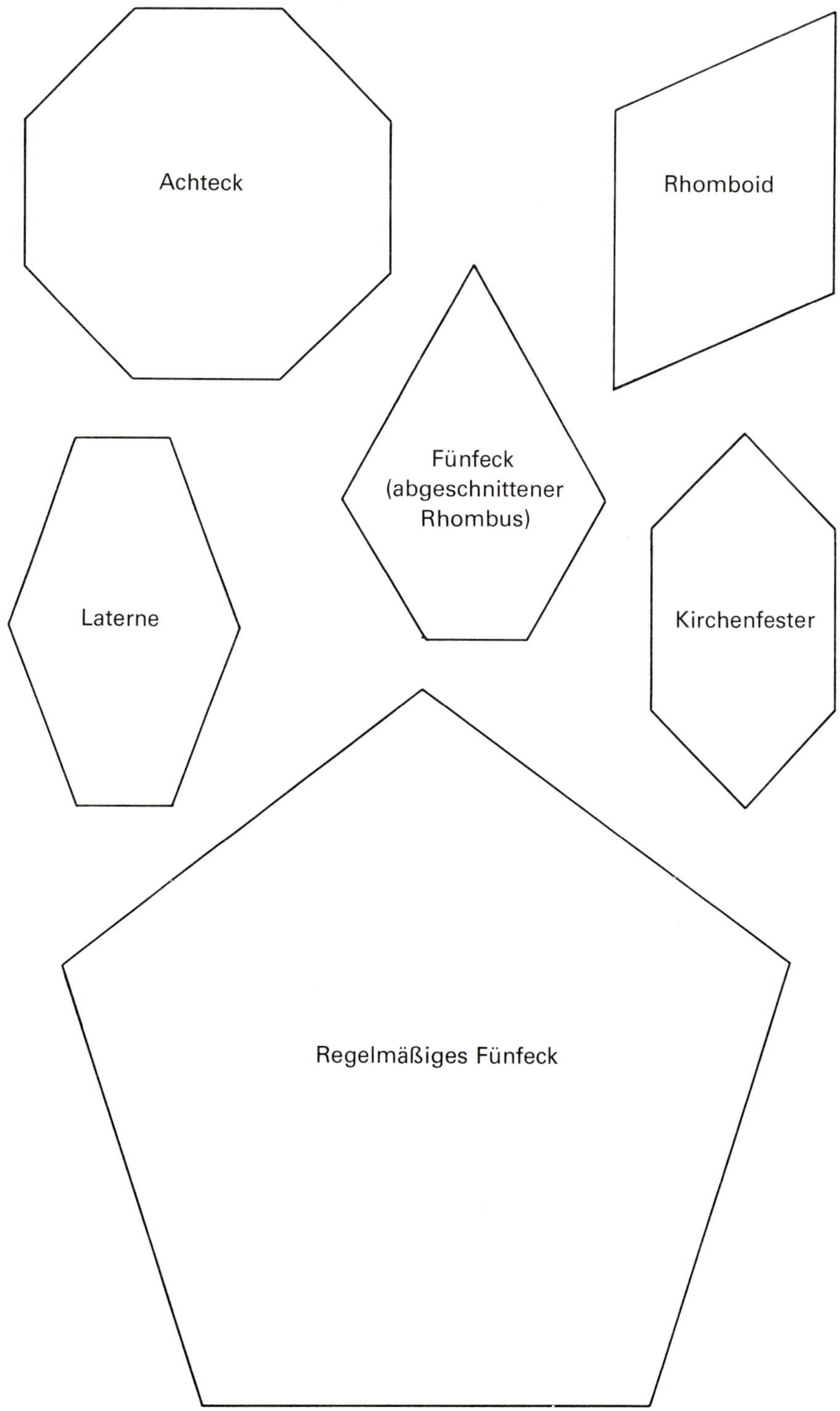

Abpausvorlage für den Ball Seite 39

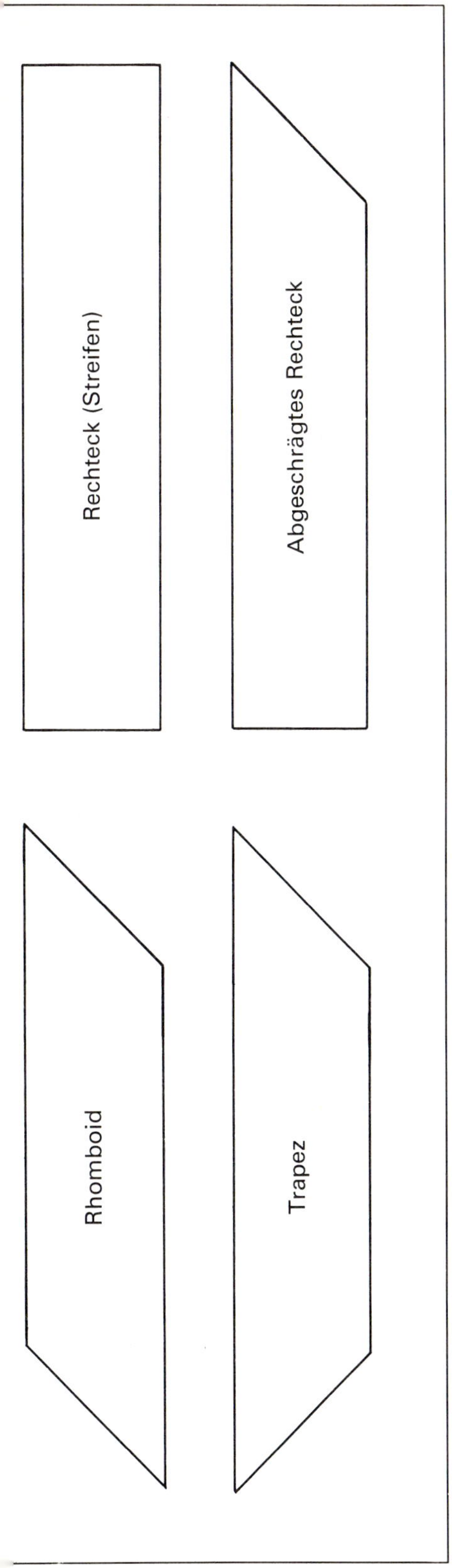

Ball aus Fünfecken

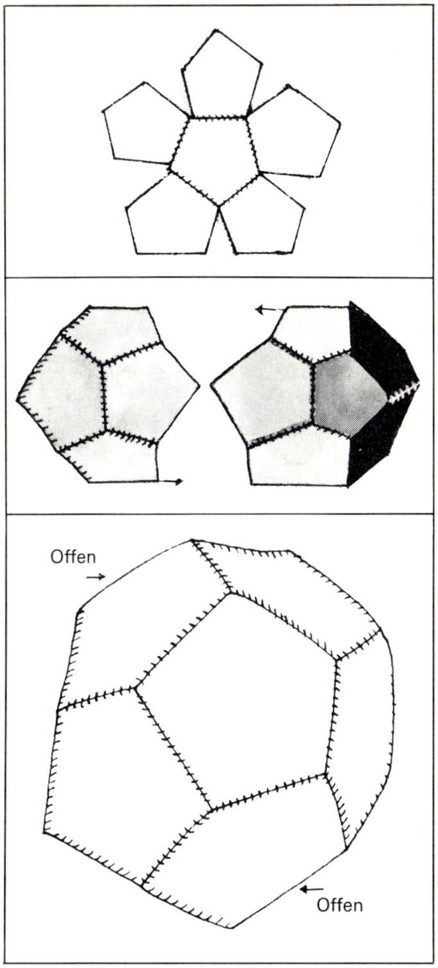

Zwölf regelmäßige Fünfecke von 6 cm Seitenlänge ergeben einen Ball von etwa 12 cm Durchmesser. Die Stoffteile ausschneiden; bei Filz sind keine Nahtzugaben nötig. Fünf Teile um ein sechstes herum annähen, dann die Seitennähte zu einer halben Ballform schließen. Das gleiche mit den anderen sechs Teilen machen und die beiden Stücke aneinandernähen. Zwei Seiten offenlassen, mit Kapok, Schaumgummistückchen oder Schaumstoff-Schnipseln fest ausstopfen. Die offenen Seiten heften und überwendlich zusammennähen.

Kombinieren verschiedener Formen

1

1. Achtecke und Quadrate durch abgeschrägte Rechtecke verbunden
2. Rhomben und Sechsecke
3. »Ananas«, eine Abwandlung des Blockhaus-Musters: Die Streifen, abwechselnd in hellen und dunklen Farben, liegen diagonal über den Ecken, dazwischen entsteht die Ananas. Jedes Quadrat enthält vier halbe Ananas, das Muster tritt in Erscheinung sobald die Quadrate zusammengenäht werden.
4. »Kompaß«-Muster aus Sechsecken, Fünfecken und Rhomben
5. Ein Muster aus verlängerten Sechsecken, Achtecken, Rhomben und Quadraten

5

4

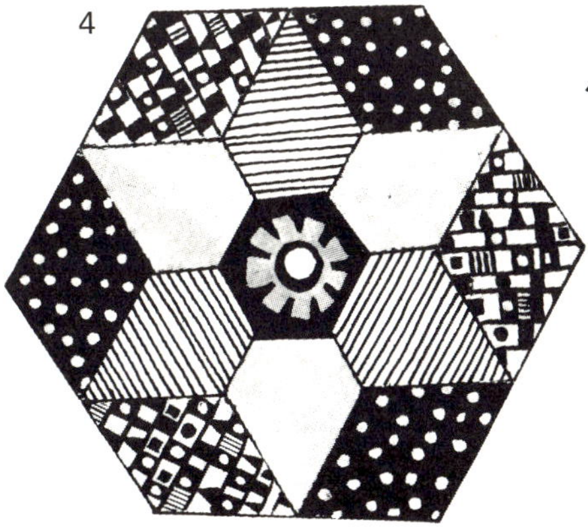

2

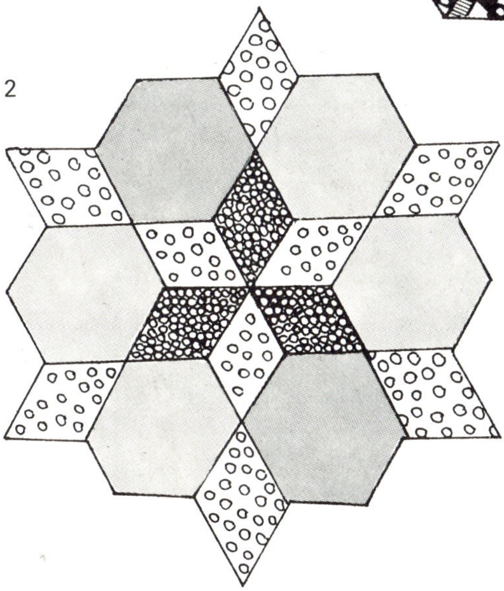

3

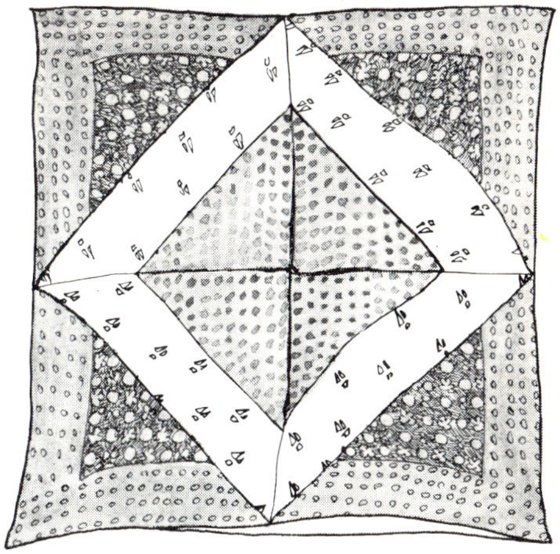

Dieses moderne Muster basiert auf dunkelblauen Quadraten, auf die jeweils ein gelbe's Trapez und zwei Dreiecke, ein rotes und ein buntes, genäht werden. Die Art, wie diese Blocks zusammengefügt werden, bildet das Muster. Es gibt dabei, wie gezeigt wird, verschiedene Möglichkeiten.

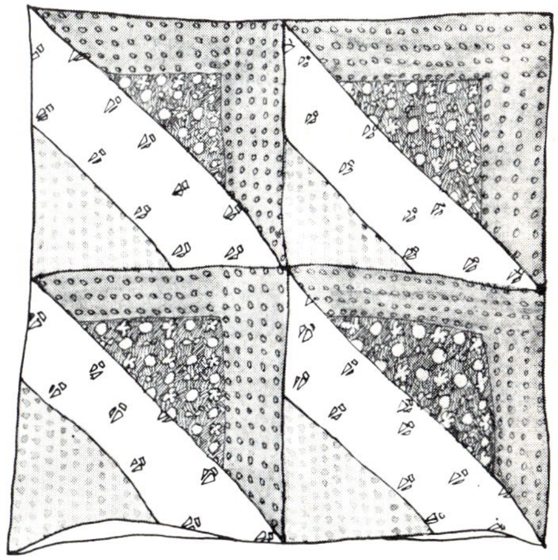

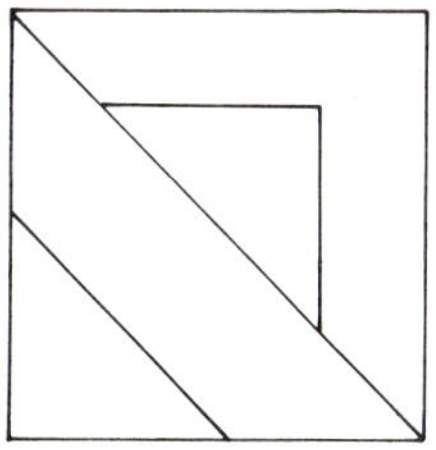

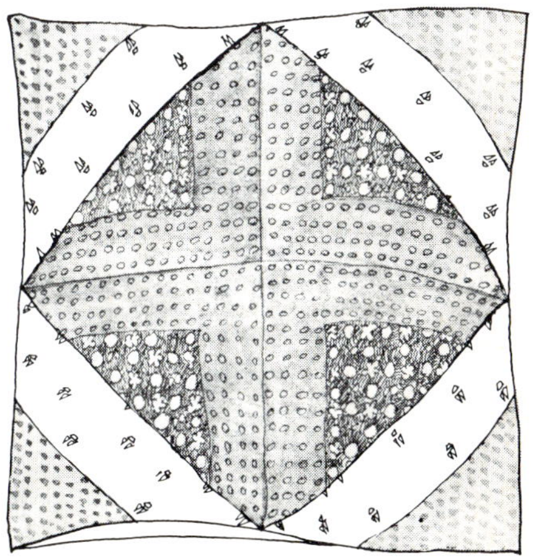

Blockhaus

In der zweiten Hälfte des vorigen Jahrhunderts war dieses Muster sehr beliebt. Ausgehend von einem Quadrat in der Mitte werden nach dem Blockhaussystem ringsherum Streifen angefügt. Jeder Block ist durch helle und dunkle Farben diagonal geteilt. Das Quadrat in der Mitte symbolisierte das Feuer – der helle Teil die beleuchtete Seite des Raums, der dunkle die im Schatten liegende. Da auf einem Futterstoff gearbeitet wird, kann man verschiedene Stoffarten mischen. Der Effekt jedoch entsteht durch die hellen und dunklen Farbtöne.

»Ananas« ist der Name eines Musters nach ähnlichem Prinzip, die Streifen werden hier allerdings diagonal über die Ecken genäht.

Arbeitsgang

Als Ausgangspunkt braucht man pro Block ein Futterstoffquadrat, auf das die Streifen aufgenäht werden. Für einen Bettüberwurf sollte die Kantenlänge des Blocks etwa 30 cm, für ein Kissen oder eine Handtasche etwa 15 cm betragen. Sechzehn Streifen (2,5 cm breit) zur Hälfte aus hell und dunkel gemustertem Stoff ausschneiden. Ebenso das mittlere kleine Quadrat (1).

Zwei diagonale Linien mit Bleistift durch das Futterstoffquadrat ziehen und das kleine Quadrat direkt in die Mitte heften (2).

Den ersten kurzen, hellen Streifen, rechte Stoffseite unten, auf das kleine Quadrat legen und 5 mm innerhalb der Kante annähen, so daß eine Seite des Quadrats verdeckt ist. Umfalten und bügeln. Den zweiten hellen Streifen an die Seite daneben nähen, ein Ende liegt über dem ersten Streifen. An die nächste Seite einen dunklen Streifen nähen (3) und an die vierte noch einen dunklen (4). Ein Ende liegt jeweils über dem vorhergehenden Streifen. Arbeitet man in dieser Reihenfolge weiter, liegen jeweils zwei helle und zwei dunkle Streifen um die gegenüberliegenden Ecken.

Rechts oben: Der Ausschnitt zeigt Baumwollstoffe in Braun- und Goldtönen

Rechts unten: Rückwand, Decke und Kissen eines Ruhebettes im Blockhaus-Muster

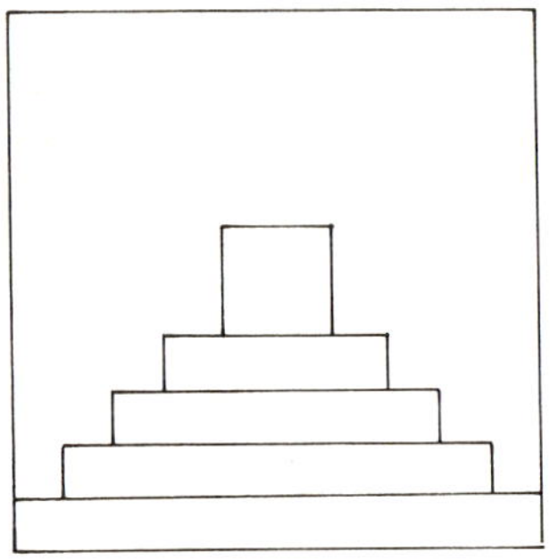

1. Kartonschablonen

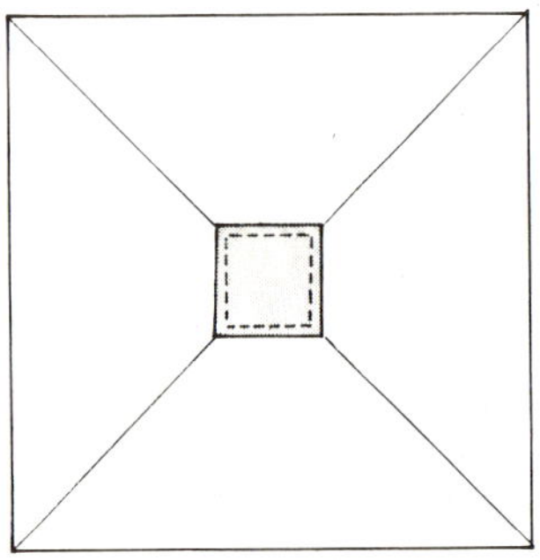

2. Kleines Quadrat in der Mitte aufgenäht

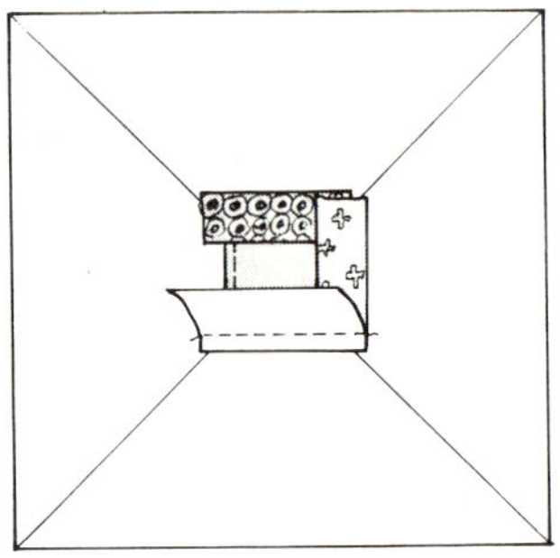

3. Erster, zweiter und dritter Streifen angenäht

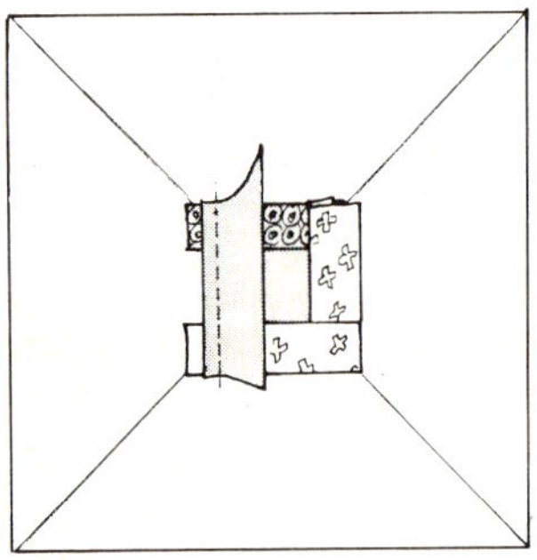

4. Vierter Streifen angenäht

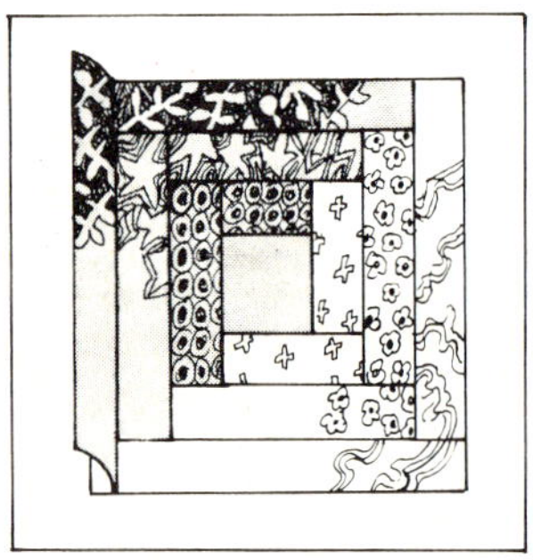

5. Hell-Dunkel-Effekt

6. Fertiger Block

Wirkungsvolle Muster

Patchwork-Kissen aus einfachen Formen. Das »Erfolgsgeheimnis« liegt bei der sorgfältigen Auswahl der Farben.

Das Foto und die Abbildungen Seite 48 zeigen einige ungewöhnliche Kombinationen von Formen und Farben. Die Muster erscheinen zwar schwierig, sind jedoch recht einfach.
Im folgenden werden Anleitungen für das Kissen in der Mitte und vorne rechts gegeben, sowie Anregungen zu Mustern mit weniger üblichen Formen.

Kissen
Das Muster basiert auf Blocks aus verschieden großen rechtwinkligen Dreiecken in einer effektvollen Farbzusammenstellung. Für jede Kissenseite näht man vier Blocks zusammen. Die Anleitungen sind für große Kissen mit 48-cm-Blocks.

Man braucht dazu:
Einfarbige Baumwollstoffreste in fünf verschiedenen Farben
Baumwollgarn
dünnen Karton
Kissenfüllung
eventuell Reißverschluß

☐ Pro Block auf Karton ein Quadrat mit 19 cm Kantenlänge zeichnen und an jeder Seite die Mitte markieren. Die Punkte von rechts nach oben, links, unten und zurück nach rechts verbinden, so daß in der Mitte ein kleineres Quadrat und außen vier Dreiecke entstehen.

☐ Auf diesen Linien wieder die Mitte markieren, Punkte verbinden und so fortfahren, bis insgesamt sechs Quadrate gezeichnet wurden.

□ Das Ganze auseinanderschneiden: – das ergibt zwanzig Dreiecke (jeweils vier in der gleichen Größe) und ein kleines Quadrat. Das sind die Einlagen.
□ Nach diesen Formen die Stoffteile mit einer Nahtzugabe ausschneiden: zwei der größten Dreiecke in der ersten Farbe, die anderen beiden in der zweiten. Bei den nächst kleineren Dreiecken je zwei aus der dritten und vierten Farbe. In diesem Wechsel fortfahren bis zum mittleren Quadrat aus der fünften Farbe.
□ Stoffteile um Einlagen heften.
□ Das Muster auf einer ebenen Fläche zusammensetzen. Von der Mitte ausgehend, die Teile, rechts auf rechts, mit kleinen überwendlichen Stichen zusammennähen.

Grundformen

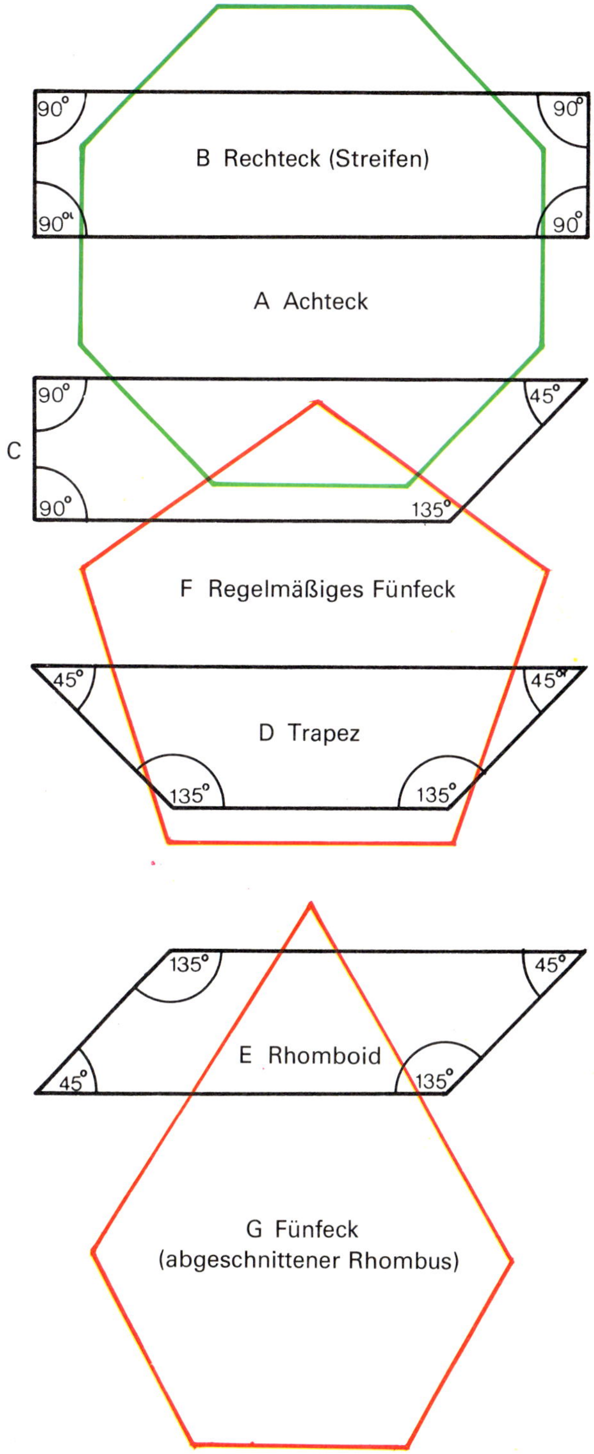

1. Quadrate und Kirchenfenster

2. Andere Zusammenstellung der oben genannten Formen

3. Bienenwaben und Rhomben

4. Ein Block des Kissenmusters

5. Vier Blocks zu einem Kissem zusammengesetzt

6./7. Muster mit Achtecken

8. Achteck, Quadrate und rechtwinklige Dreiecke als Sonnenschein-Muster

9. Kompaß und Stern-Muster

10. Andere Stern-Version

□ Insgesamt acht solcher Blocks anfertigen.
□ Pro Kissenseite vier so zusammennähen, daß sich in der Mitte jeweils zwei gleichfarbige Dreiecke gegenüberliegen. Links bügeln, Einlagen entfernen.
□ Für die Kanten acht trapezförmige Streifen aus Karton ausschneiden: jeweils 2,5 cm breit% lange Seite 43 cm, kurze 38 cm lang (D).
□ In der gleichen Farbe wie das mittlere Quadrat der Blocks nach den Kartonstreifen Stoffteile mit Nahtzugabe zuschneiden.
□ Stoffteile um die Kartoneinlagen heften.
□ Jeweils vier dieser Streifen um eine Kissenseite nähen (5).
□ Nochmals acht Kartonstreifen ausschneiden, 2,5 cm breit, lange Seite 48 cm, kurze 43 cm lang. Beim Zuschneiden der Stoffteile eine Kontrastfarbe wählen und an der langen Seite 1,5 cm für die Naht zugeben, an den anderen Seiten normale Nahtzugabe.
□ Wieder jeweils vier Teile zu einer Kissenseite zusammennähen, dann beide Teile zu einem Kissen zusammenfügen (Seite 28).

Weitere Muster

Achteck: Ein attraktives Muster ergibt sich aus dem Achteck aus verschiedenen geblümten Stoffen, kombiniert mit einfarbigen, dunklen Quadraten (6). Man kann Achtecke, Quadrate und »Kirchenfenster« wie bei 7. verbinden. Zusammen mit gleichschenkligen und rechtwinkligen Dreiecken, sowie Quadraten erzielt man einen »Sonnenschein«-Effekt (8). Dieses Muster kann man über eine große Fläche zusammen mit großen einfarbigen Quadraten verteilen. Auch als Kantenabschluß sieht es sehr schön aus.
Fünfeck: Neben dem gleichseitigen (F) bietet sich auch der »abgeschnittene« Rhombus (G) an. Ein Sechseck, eingefaßt mit Fünfecken und umrahmt mit Rhomben zeigt das »Kompaß«-Muster (9). Eine andere Möglichkeit ist, ein kleines Sechseck mit Fünfecken einzufassen, mit großen Sechsecken und entsprechenden Fünfecken umrahmen.

Sechszackiger Stern aus Rhomben und Sechsecken

Quilt und Kissenrollen aus großen Blocks mit Quadraten und Dreiecken

Venus-muschel

Diese Form, mit ihrem halbkreisförmigen Umriß, ist wohl die schwierigste beim Patchwork. Man braucht Geduld und Konzentration, um die Technik beherrschen zu lernen. Stoffe hierfür sollten fest gewoben und geschmeidig sein. Es gibt zwei Methoden die Formen zu verbinden. Die traditionelle Art ist, die Teile in Reihen aneinanderzunähen. Das fertige Muster ist dann schuppenähnlich. Mit der zweiten, moderneren Methode erzielt man ein außergewöhnliches, ineinander verschlungenes Muster.

Zuerst sind mit Hilfe von Schablonen wie üblich die Papierformen und Stoffteile auszuschneiden. Der Fadenlauf sollte dabei parallel zum Mittelbruch (von oben nach unten) liegen.

Erste Methode: Papierform auf der rechten Seite eines Stoffteils feststekken (1). Die halbkreisförmigd Kante nach links umschlagen und heften. Diese dabei in winzige Fältchen legen und exakt der Papierform folgen (2). Die Fältchen müssen ganz regelmäßig sein, und nicht bauschig, sonst wird die Rundung nicht schön. Ist das Teil soweit fertig, kann man die Papierform abnehmen und für das nächste verwenden.

Eine zweite Möglichkeit ist, statt der Papierform Vlieseline zu nehmen, links aufzustecken (3) und, wie beschrieben, die gebogenen Kanten darauf zu heften (4).

Beim Zusammennähen steckt man die Teile am besten in einer Reihe auf eine weiche Platte (Kork, Styropor). Sie müssen genau in gleicher Höhe liegen und an den Seiten zusammenstoßen. Bei der nächsten Reihe darunter sollten die oberen Kanten der Teile 5 mm über den ungehefteten Kanten der oberen Teile liegen. Wie aus den Abbildungen oben rechts ersichtlich, liegen jetzt die Rundungen genau zwischen zwei Teilen der ersten Reihe. Mit der Papierform überprüfen, ob die Abstände gleichmäßig sind. Die Teile zusammenheften und dann mit kleinen, gleichmäßigen Stichen der Reihe nach bis zur gewünschten Größe jede Rundung annähen.

Zweite Methode: Mit Schablonen Stoffteile und Vlieseline-Einlagen ausschneiden. Vlieseline links aufstecken und heften (5). Rundungen umschlagen und wie beschrieben heften. Die Kanten der nach innen gewölbten Seiten leicht einschneiden (6), damit die Rundungen leichter zu heften sind (7/8). Zwei Teile rechts auf rechts legen und entlang der kleinen geraden Seite zusammennähen (9). Das zweite Paar in den offenen Halbkreis einpassen, und mit kleinen Stichen, die rechts nicht sichtbar sein sollen, annähen.

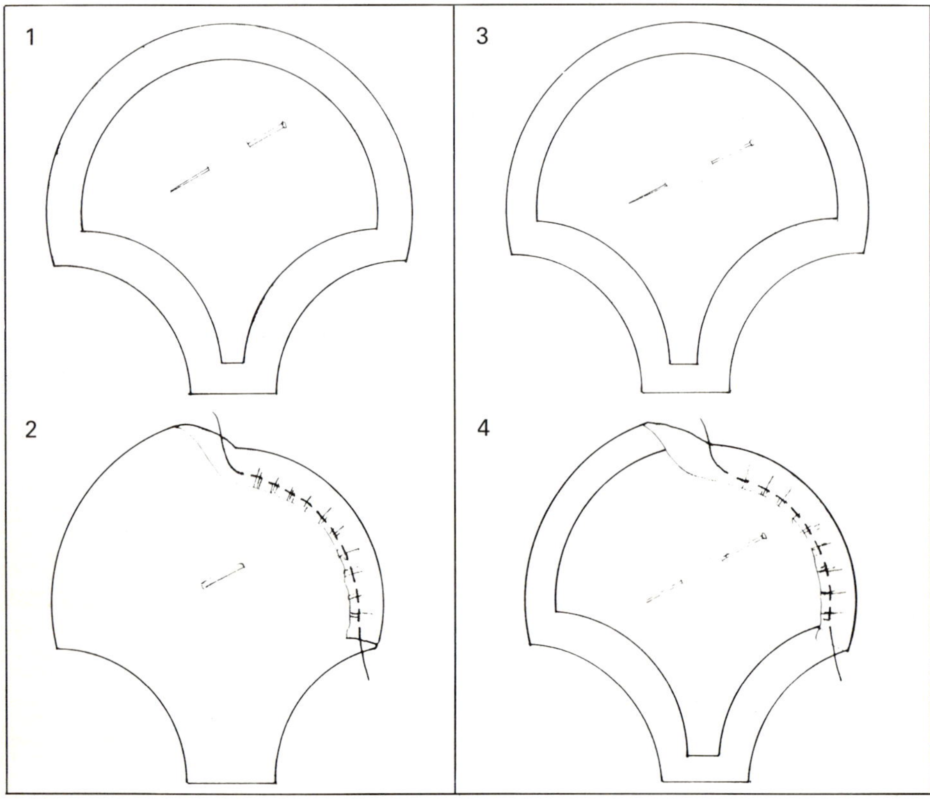

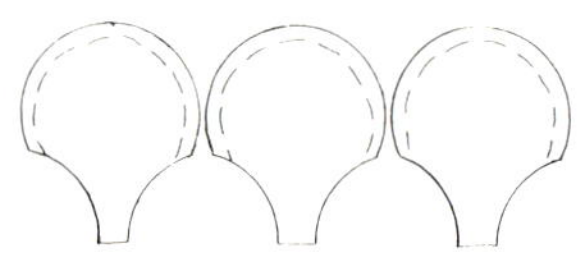
Erste Reihe

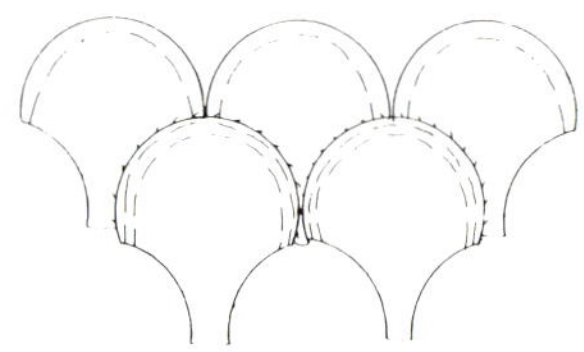
Zweite Reihe aufgenäht

Fünf Reihen

5

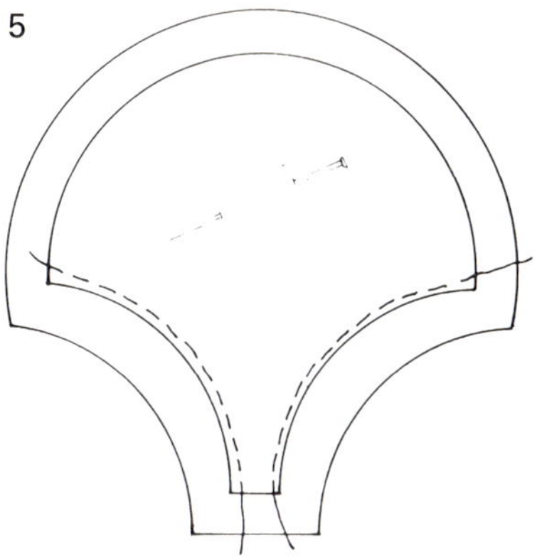

7

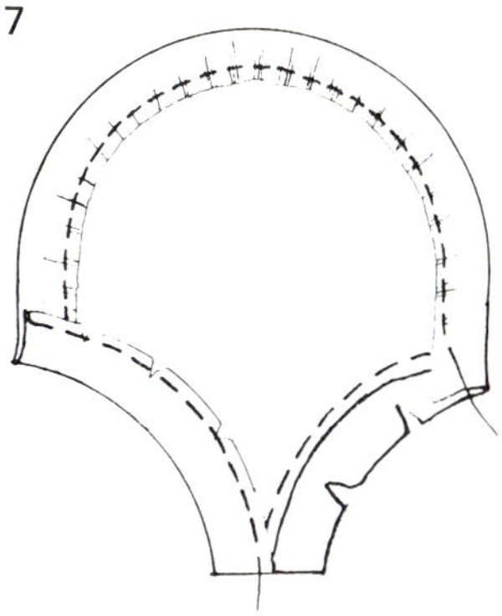

9

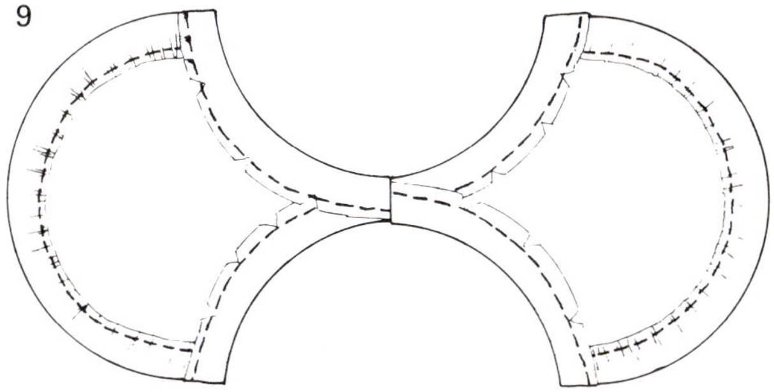

6

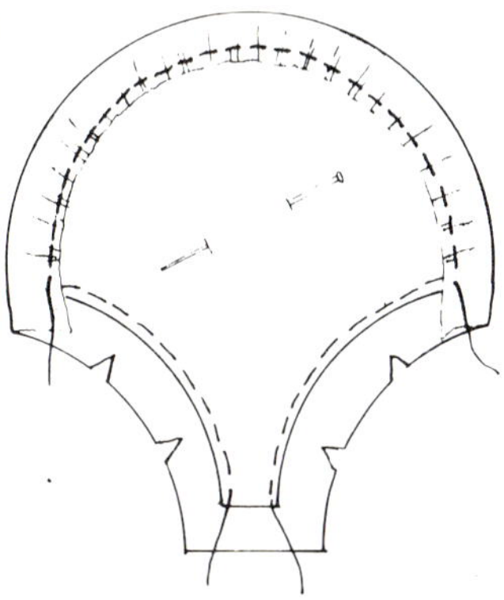

8

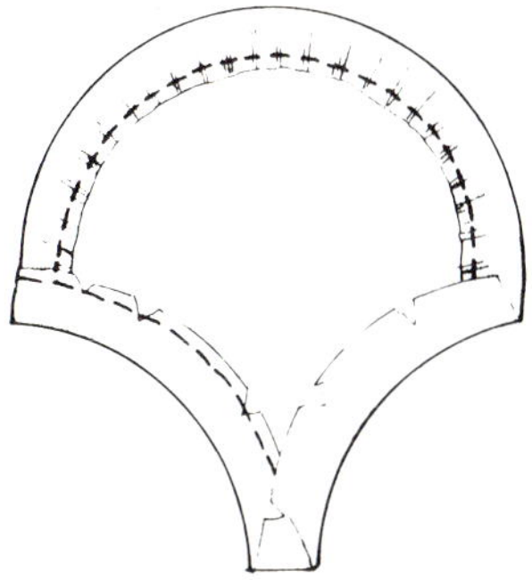

Ineinanderverschlungenes Muster

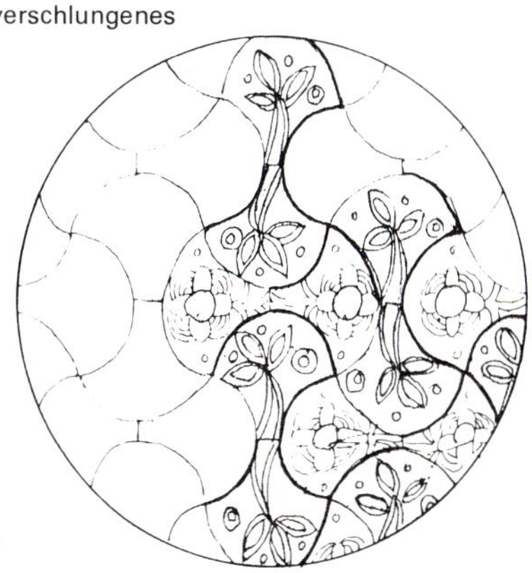

Domfenste.

Diese moderne (amerikanische) Patchworkform sieht zwar kompliziert aus, ist jedoch erstaunlich einfach. Die plastische Wirkung wird erzielt, indem man die Form über kleine, farbenfroh gemusterte Baumwollquadrate faltet und näht. Da so verschiedene Stofflagen entstehen, ist es wichtig, daß der Stoff leicht ist und sich gut falten läßt. Diese Verarbeitung hat den Vorteil, daß die fertigen Teile nicht gefüttert werden müssen.

Arbeitsgang

1. Ein Quadrat mit 15 cm Kantenlänge

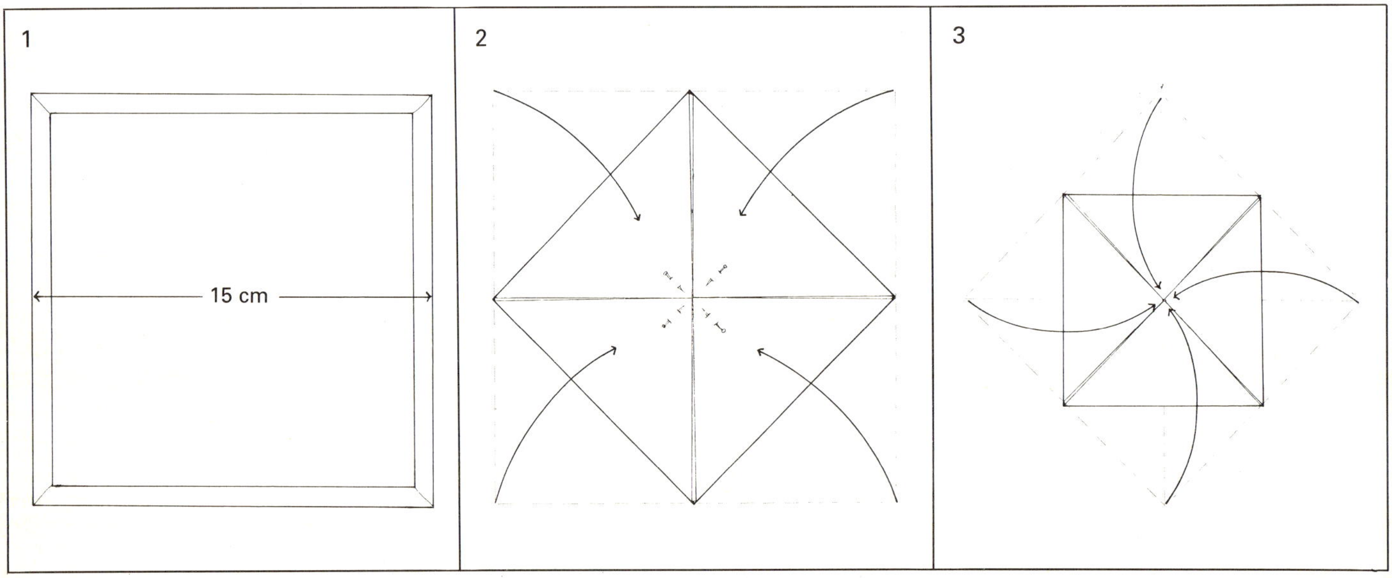

aus Stoff entlang dem Fadenlauf ausschneiden und rundherum 5 mm nach links einschlagen.
2. Die vier Ecken zur Mitte hin umfalten (linke Stoffseite innen) und feststecken. Dieses Quadrat hat etwa 11 cm lange Seiten.
3. Nochmals die vier Ecken zur Mitte falten. Dabei jeweils eine Stecknadel herausziehen und das obere Teil anstecken. Diese Form mißt nun etwas über 7 Zentimeter im Quadrat.
4. Ein zweites Quadrat in gleicher Weise falten und beide zusammennähen.
5. Ein Quadrat von etwa 5 cm Seitenlänge (vorher genau abmessen) aus buntem Baumwollstoff entlang dem Fadenlauf ausschneiden und, wie gezeigt, in die Mitte über die Naht auf die beiden Quadrate stecken.
6. Eine Kante des unteren Quadrats über die Kante des aufgesetzten legen. Den Umschlag mit Daumen und Zeigefinger festhalten und mit Vorstichen annähen. Dabei durch alle Stofflagen stechen. Die umgefalteten Kanten mit jeweils zwei Stichen an den Ecken festhalten.
Ist das Ganze fertig, die äußeren Kanten nach links umschlagen und säumen. Nicht bügeln, sonst verliert es die plastische Wirkung.

Zwei »Domfenster«-Muster: rechts oben – dunkler Hintergrund, links unten – heller Hintergrund. Es können auch gut verschiedene Stoffe verwendet werden, was besonders reizvoll wirken kann.

5

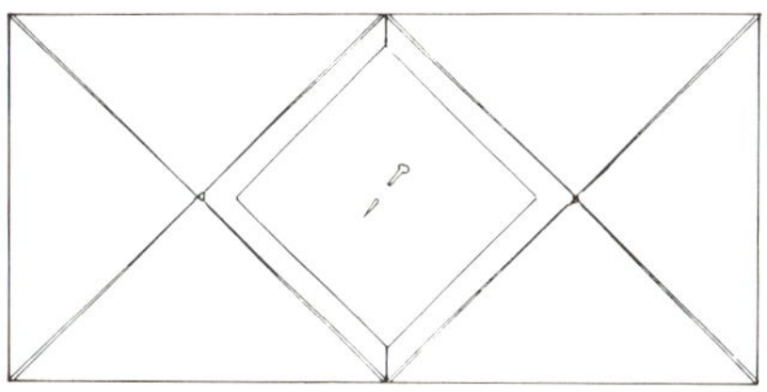

4

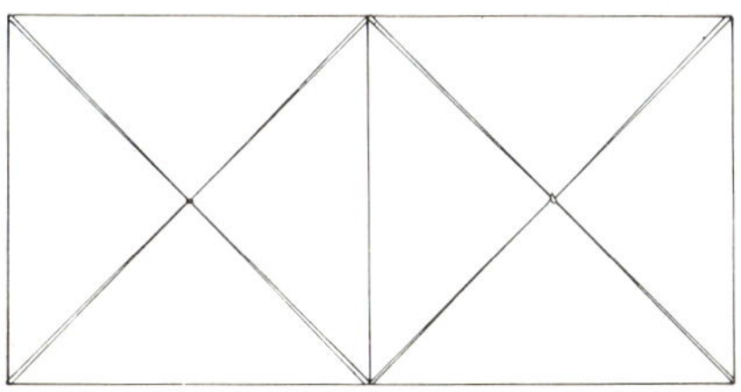

6

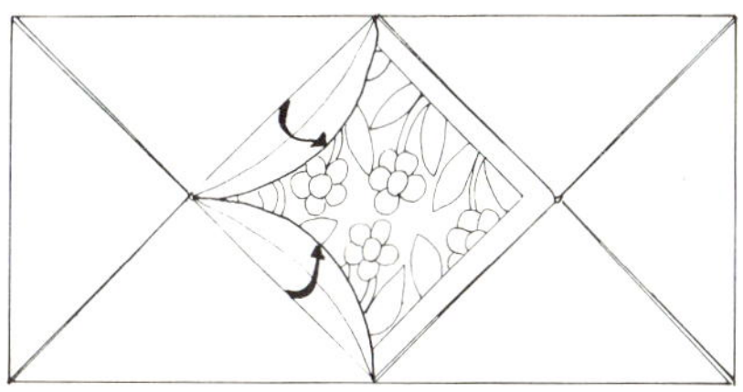

Bettüberwurf und Bodenkissen sind aus wattiertem Patchwork und wurden nach der 2. Methode angefertigt (s. S. 56 ff.).

Wattiertes Patchwork

Diese Art wirkt weich und ein bißchen »luxuriös«. Mit einer Nähmaschine und mit Schaumstoff oder einem anderen Füllstoff ist es einfach und schnell zu arbeiten. Es gibt dabei zwei Möglichkeiten. Einmal kann man lauter einzelne Kissen nähen, füllen und aneinanderfügen. Die zweite Art entspricht mehr der echten Stepperei, außer daß die Wattierung hier dicker ist. Üblich sind Formen wie Quadrat und Rechteck, aber wenn es Spaß macht, können auch große Sechsecke oder Achtecke verarbeitet werden.

Erste Methode

Auf kariertes Papier einen maßstabgerechten Entwurf zeichnen. Anzahl der Stoffteile abzählen und doppelt so viele mit Nahtzugabe aus Stoff zuschneiden (so braucht man kein Futter). Auch das Füllmaterial mit Zugabe ausschneiden, dann wirkt das Ganze bauschiger. Zwei Stoffteile rechts auf rechts zusammenlygen und drei Seiten mit der Nähmaschine schließen. Bei Sechs- oder Achtecken zwei Seiten offen lassen. Die Hülle wenden und an den Nähten ausbügeln. Füllung hineinschieben, die offene Kante nach innen schlagen und zusammenheften. Von Hand oder mit dem Kantensteppfuß der Nähmaschine dicht entlang der Kante zusammennähen.

Sind alle kleinen Kissen fertig, entweder sauber von Hand oder mit dem Zickzack-Stich der Maschine aneinanderfügen.

Man kann sie auch nur an den Ecken zusammennähen, oder, gerade bei Quadraten, jeweils die Ecken und Seitenmitten. Diese Stellen können nochhmit Baumwolltroddeln oder gestickten Blumen verziert werden.

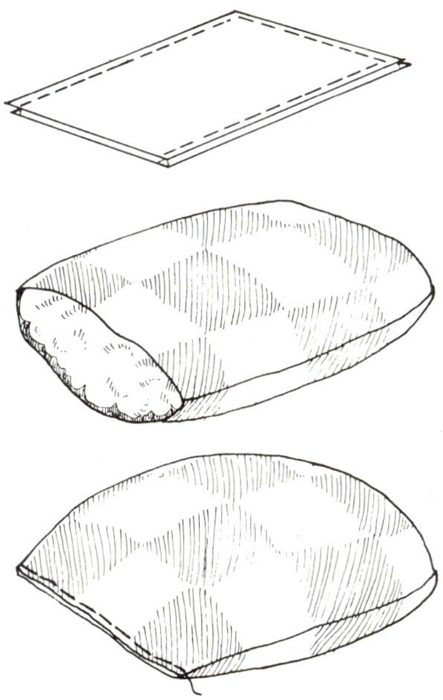

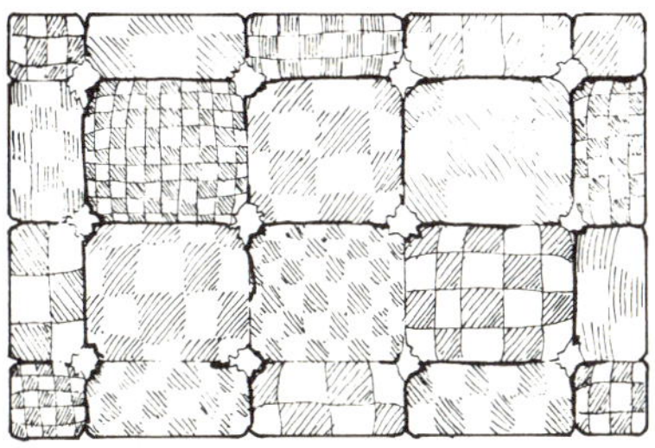

Zweite Methode

Hier braucht man Patchwork-Oberstoff, Futterstoff und Füllung. Den Oberstoff anfertigen, rechts bügeln und, wenn verwendet, Papiereinlagen entfernen. Futterstoff in gleicher Größe zuschneiden, Füllung rundherum 5 cm breiter. Füllung auf den Futterstoff (rechte Seite nach unten) legen, dann den Oberstoff darauf, rechte Seite oben. Von der Mitte aus durch alle drei Lagen mit großen Stichen heften, dann 6 cm von der Kante entfernt außen herum. Überflüssige Füllung wegschneiden. Entlang der Außenkante durch alle Lagen mit der Maschine mit etwa 3 mm langen Stichen nähen. Die Kante wird später hübsch rund, wenn man die Naht weiter nach innen setzt. Oberstoff und Futter rundherum etwa 2 cm einschlagen und zusammennähen.

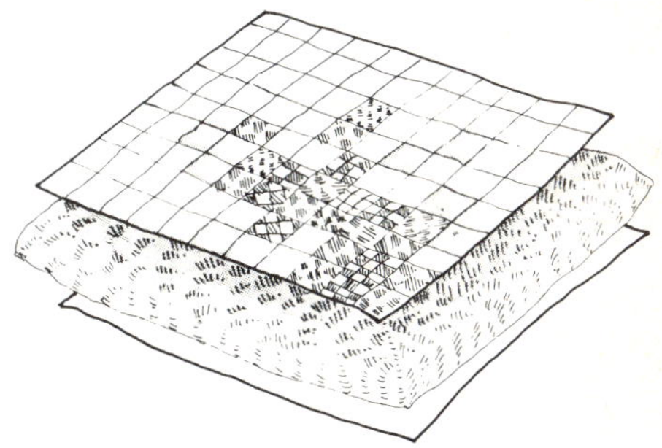

Oberstoff auf Wattierung gelegt

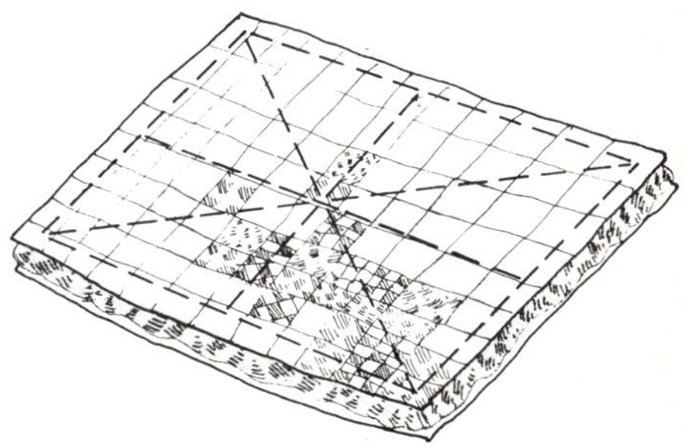

Lange Heftstiche durch alle drei Lagen arbeiten

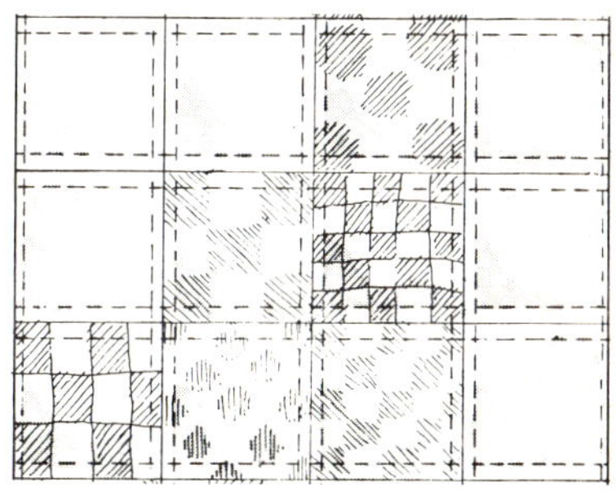

Himmelsstufen aus Quadraten und Rhomboiden

Falten-Kante aus Rhomboiden

Kristall-Effekt mit Achtecken

Vier Dreiecke aus gestreiftem Stoff

Stern aus Drachenvierecken

Farben, Muster, Gewebe

Patchwork bietet neben der praktischen Möglichkeit, Stoffreste zu verwerten, auch die des künstlerischen Ausdrucks. An die Stelle von Palette und Pinsel treten Stoff und Nadel.
Beherrscht man die grundlegenden Techniken, drängt es einen dazu, mit Farben, Formen und Geweben zu experimentieren. Sieht man ein interessantes Muster, kann man ein kleines Stück danach anfertigen und vielleicht als Kissenhülle verwenden. Es lohnt sich auch, eine große Auswahl an Schablonenformen zu haben, um neue Kombinationen herauszufinden. Dazu sollte man alle Stoffreste sammeln! Nichts wirkt anregender, als eine Kiste voll verschiedenster Materialien: Man kann in Geschäften nach hübschen Stücken von 10 bis 20 cm Länge suchen, oder vorhandene, weniger geeignete mit Freunden tauschen. Wichtig sind vor allem die Farben. In der praktischen Handhabung erfährt man etwas über Farbenlehre: Rot, Gelb und Blau sind die Grundfarben, aus denen alle anderen Farben gemischt werden können. Die Komplementärfarben – Grün, Violett und Orange, entstehen durch Mischen der Grundfarben zu gleichen Teilen (Rot/Gelb wird Orange, Rot/Blau wird Violett, Blau/Gelb wird Grün). Alle anderen Zwischentöne entstehen durch die unterschiedlichen Mischverhältnisse. Jede Farbe kann in sich mit Weiß oder Schwarz weiter variiert werden, kann also heller und blasser oder dunkler und »schmutziger« werden.
Aus der Kombination von Farben entstehen zuweilen erstaunliche Effekte, weil dabei helle Farben auf den Betrachter »zukommen«, andere weiter entfernt zu sein scheinen. Man kann so in der Fläche verblüffend plastisch, also dreidimensional wirkende Musterungen erzielen. Dies ist etwa bei dem Muster »Bauklötze« (Seite 24) zu sehen.
Ähnlich ist es mit den »Himmelsstufen« oder der »Faltenkante«. Die Perspektive entsteht durch die Anordnung der hellen und dunklen Töne. Mit gestreiften Stoffteilen könnte man diese Tiefenwirkung noch steigern.
Ein Quadrat, aufgeteilt in vier Dreiecke, scheint dem Betrachter entgegenzukommen d. h. wirkt plastisch, wenn die Dreiecke an einer Seite viel heller als die anderen sind.
Ein besonders schönes Muster zeigt das zusammengesetzte Achteck links unten. Mit verschiedenen Tönen einer Farbe, die dunkelsten oder hellsten in der Mitte, ähnelt es einem geschliffenen Stein, vor allem, wenn man dabei Seide nimmt. Ein Dreieck, auf gleiche Weise zusammengesetzt, wirkt ebenso hübsch.
Einfache Farb- oder Musterkombinationen können durch die verwendeten Gewebearten sehr interessant aussehen. Ein Teil aus blauem Samt strahlt etwas Edles aus, während es in gleicher Farbe – aber aus glänzendem Material viel heller und fröhlicher wirkt. Außergewöhnliche Muster kann man durch Verbindung von Seide, Samt, Kord, feinem Tweed und Satin, alle in etwa gleicher Farbe, gestalten. Solche Arbeiten dürfen allerdings nicht sehr beansprucht werden, da die schweren Stoffe die leichten verziehen und beschädigen. Man könnte zwar Vlieseline einarbeiten, aber wirklich stabil wird das Stück nicht.

Gitter-Muster

Rhomboide und Dreiecke

Quadrate aus gestreiftem Stoff

Applikationen und Collagen

Während traditionelles Patchwork wieder auflebt, ist es bei seiner »Zwillingsschwester«, der traditionellen Applikationstechnik anders. Vielleicht liegt die Vorliebe für Patchwork darin begründet, daß es wesentlich handlicher ist, während das Applizieren mit zuweilen umständlichen Steppereien verbunden ist und von Hand oder mit der Nähmaschine aus großen Stücken genäht wird. Auf jeden Fall findet man heute kaum Arbeiten, die mit den prächtigen »Hochzeits-Quilts« früherer Zeiten verglichen werden können.
Applizieren hat sich unserer Zeit angepaßt. Die sauber und schnellarbeitende Nähmaschine hat die Hexenstiche abgelöst. Applikationen in Form von Stoffbildern, Collagen und Stickereien findet man häufiger als die traditionellen Muster.
Das Wort Applizieren entstammt dem Französischen und bedeutet »etwas auflegen«. Bei Näharbeiten heißt das, eine ausgeschnittene Stofform auf einen anderen Stoff nähen, oft mit Zierstichen.

Sticharten:
1. Hohlstiche von Hand
2. Mit dem Kantensteppfuß der Nähmaschine.

Bei beiden muß man einen kleinen Rand zugeben, der vor dem Applizieren umgeschlagen, geheftet und gebügelt werden muß.

3. Hexenstich
4. Schlingstich oder Plattstich
5. Zickzack-Stich.

Hier muß man die Teile in Originalgröße zuschneiden, da die Kanten durch diese Stiche verdeckt werden. Die Stoff-Form muß immer sorgfältig zugeschnitten, auf den Unterstoff gesteckt, und mit kleinen Stichen nahe der Kante rundherum angeheftet werden. Die Form muß dabei ganz glatt aufliegen. Verdekken die Zierstiche die Heftnaht nicht, entfernt man die Heftfäden.
Für einen Bettüberwurf mit traditionellem Muster eignet sich gebleichte oder ungebleichte Baumwolle als Unterstoff. Es gibt auch fertig gesteppte Stoffe zu kaufen, jedoch muß man sich dann nach dem Steppmuster richten.
Bei größeren Arbeiten sollte man sich genügend Zeit für den Entwurf nehmen, verschiedene Formen ausschneiden und arrangieren, bis ein Muster gelungen ist. Dann aus Packpapier so viele Formen ausschneiden, daß man ein Viertel des Überwurfs zusammenstellen kann, um zu sehen, wie das Ganze wirkt. Den Unterstoff mit Heftlinien in Quadrate aufteilen, das vereinfacht die Arbeit. Will man ein vorhandenes Muster kopieren und vergrößern, legt man Pauspapier darüber, zeichnet die Umrisse nach und teilt es ebenfalls in Quadrate auf. So kann man Stück für Stück des Musters auf die großen Quadrate übertragen.

Material für den Oberstoff:
Stoff zum Applizieren
Maschinengarn
feine Nadeln
Schleifpapier (mittlere Stärke) und alte Schere zum Zerschneiden des Schleifpapiers
Stoffschere

Die Formen auf die glatte Seite des Schleifpapiers zeichnen und ausschneiden. Mit der rauhen Seite auf den Stoff legen, so haften diese »Schablonen« aus Schleifpapier und man kann die Stoffteile dann exakt zuschneiden. Bei zarten Stoffen auf die linke Stoffseite legen. Wenn nötig, rundherum 5 mm Nahtzugabe. Die einzelnen Formen dem Muster entsprechend zusammenstellen, ganz flach auf den Unterstoff heften, und in einer der genannten Sticharten aufnähen. Danach Heftfäden herausziehen, und die Arbeit vorsichtig bügeln.

Abschlußarbeiten
Früher legte man oft zwischen Ober- und Futterstoff eine alte Decke oder ein anderes Material, das wärmend wirkte. Hat man nun bereits auf vorgesteppten Stoff appliziert, braucht man keine Einlage mehr, jedoch ein Futter. Man legt dann die beiden Teile rechts auf rechts und näht sie an drei Seiten mit der Hand oder der Maschine zusammen. Wenden und die vierte Seite mit überwendlichen Stichen schließen. Jeweils mit einigen kleinen Stichen, in regelmäßigen Abständen von etwa 15 cm über die ganze Fläche verteilt, die beiden Lagen zusammenfassen.
Ist der Oberstoff einfarbig, kann man ihn noch mit einem passenden Garn steppen. Entweder gerade Maschinenstiche oder kleine Vorstiche verwenden und diese durch alle Lagen arbeiten. Bei der Maschine die Fadenspannung lockern, um Kräusel zu vermeiden. Immer von der Mitte aus zu den Kanten steppen und dann außen herum.

Collage
Sie wird ähnlich wie eine Papiercollage gemacht, nur daß die Teile nicht geklebt, sondern aufgenäht werden. Hier kann man ohne Einschränkung mit den ausgefallensten Materialkombinationen, wie Spitzen, Knöpfen, Bändern und vielem mehr experimentieren, da das Ganze eher fürs Auge als für praktische Zwecke ist.

Einlegearbeiten oder »verkehrte« Applikationen
Diese Technik sieht man selten, da sie, vor allem bei ausfransenden Stoffen, sehr schwierig ist. Trotzdem verzieren Indianerinnen Mittelamerikas ihre Blu-

sen auf diese Weise. Filz ist zwar am besten geeignet, jedoch nicht so strapazierfähig und waschbar. Weiche, fest gewobene Baumwolle dürfte zweckmäßiger sein.
Man legt und heftet einige Lagen verschiedenfarbigen Stoffs zusammen. Aus der obersten Lage wird ein Muster aus der Mitte herausgeschnitten, so daß die zweite Stofflage sichtbar wird. Man benötigt dazu eine sehr spitze Schere. Nun aus der zweiten Lage ein anderes Muster schneiden, so daß die dritte sichtbar wird und so fort. Jede Kante 3 mm einschlagen und an den Stoff darunter nähen. Zum Üben beschränkt man sich auf einfache Formen und drei oder vier Stofflagen.

Der Ausschnitt unten zeigt das Muster aus drei applizierten Stofflagen. Alle drei Formen werden mit Nahtzugabe ausgeschnitten, die rote Form wird auf die orange und die graue auf die rote Form appliziert. Das Ganze kommt dann auf den weißen Hintergrund. Die Umrisse werden gesteppt. Knoten dienen als Befestigung und Verzierung.

Links: Der Wandbehang zeigt eine reizende aber auch komplizierte Zusammenstellung. Das Ganze basiert auf einem grauen Hintergrund. Die Fläche hinter den Figuren ist aus geblümten Stoffquadraten, Hecke und Bäume sind in Braun- und Grüntönen gehalten. Der plastische Effekt entsteht durch die gekräuselten Röcke und die Accessoires an den Figuren.

Oben: Auf die Decke wurden Motive in leuchtenden, klaren Farben appliziert. Zickzacklitze und kleine Knöpfchen bringen bestimmte Details besser zur Geltung.

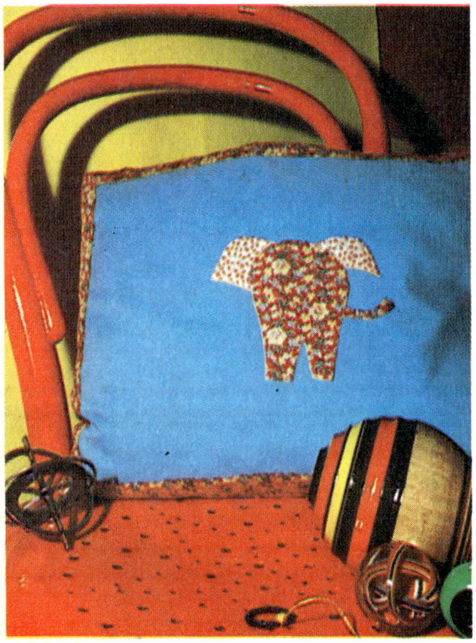

Oben: Quilt für ein Kinderzimmer aus größeren wattierten Quadraten mit applizierten Buchstaben und Zahlen.

Links: Eingefaßtes Kissen mit appliziertem Elefant aus hell- und dunkelgeblümtem Stoff.

Rechts: Auf jedes Quadrat des Quilts wurde ein Motiv (»Susi mit dem Sonnenhut«) appliziert. Das Ganze ist mit dunkelviolettem Stoff gefüttert.

Schachtelüberzüge

Schachteln zu basteln und zu verkleiden macht Spaß, und man kann eine kleine, bereits angefertige Arbeit verwenden. Die sechseckige Schachtel, mit 10 cm langen Seiten, 7,5 cm hoch, eignet sich für Schmuck oder Nähzeug.

Man braucht dazu:
für Patchwork-Deckel – übliches Material (Stoff, Papier, Schablonen)
Stoff zum Füttern und zum Verkleiden
scharfes Messer
Bleistift und Lineal
Klebstoff (für Stoff)
Karton – steif aber nicht zu dick
Verschluß (Knopf und Schlaufe)
etwas Papier

Auf Karton mit einem Zirkel einen Kreis (Radius 10 cm) schlagen und ein Sechseck einzeichnen – das wird der Schachtelboden (1). Für den Deckel dasselbe mit Radius 10,5 cm wiederholen. Sechs 10 x 7,5 cm große Rechtecke (2) für die Seitenteile aufzeichnen. Alle acht Formen mit Messer und Lineal ausschneiden, auf den Futterstoff legen und die Konturen mit einem Bleistift nachziehen. Die Stoffteile mit 1 cm Nahtzugabe ausschneiden.

Jeweils auf die linke Stoffseite die entsprechende Kartonform legen und rundherum Klebstoff auftragen. Die Stoffkanten umschlagen und festkleben (3). Ecken wie beim Patchwork üblich falten. Darauf achten, daß rechts keine Falten entstehen. Ist der Klebstoff trokken, Boden und Seitenteile (bezogene Seiten nach innen) überwendlich zusammennähen (4).

Aus dem Oberstoff (zum Verkleiden) einen Streifen von 62 cm Länge und 9,5 cm Breite ausschneiden. Diesen um die Schachtelseite legen, er sollte genau

1

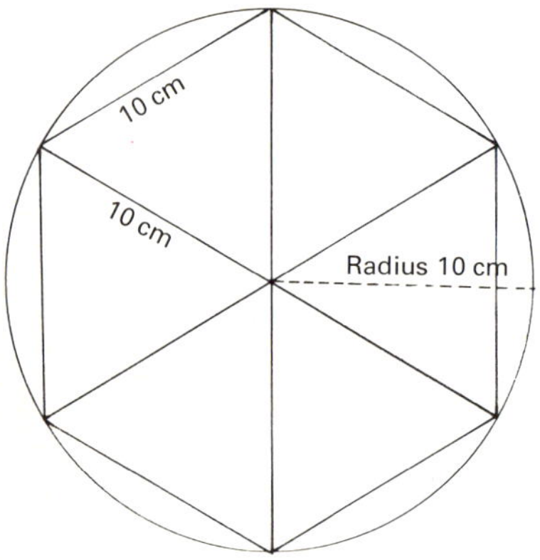

Radius: Boden 10 cm, Deckel 10,5 cm

2

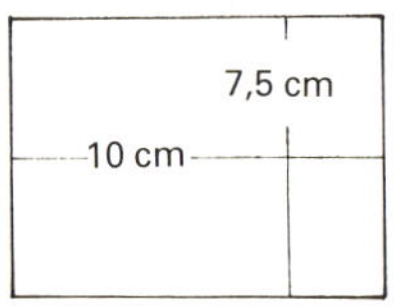

Schachtelseite

3

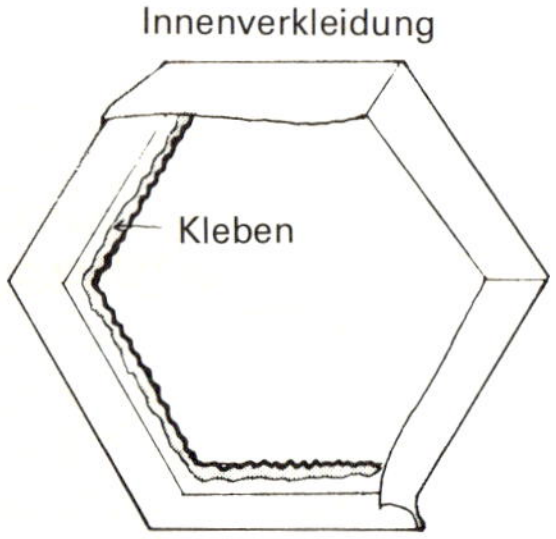

Verkleidung um den Boden kleben

4

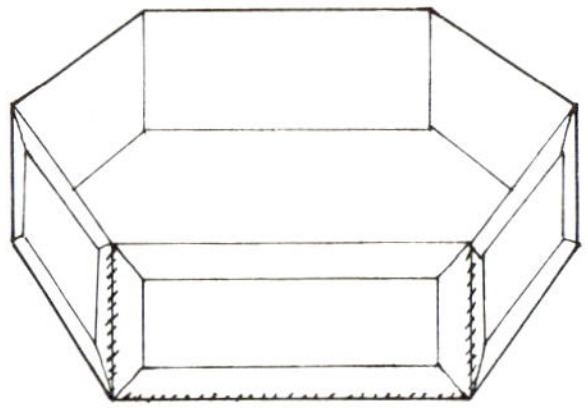

Boden und Seiten zusammennähen, bezogene Seiten innen

5

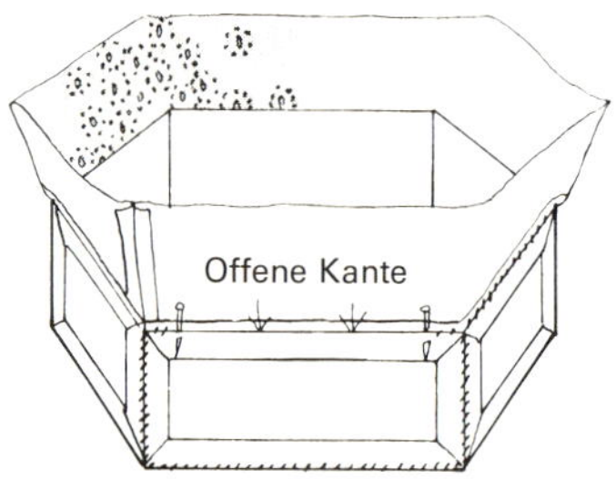

Außenverkleidung annähen

6

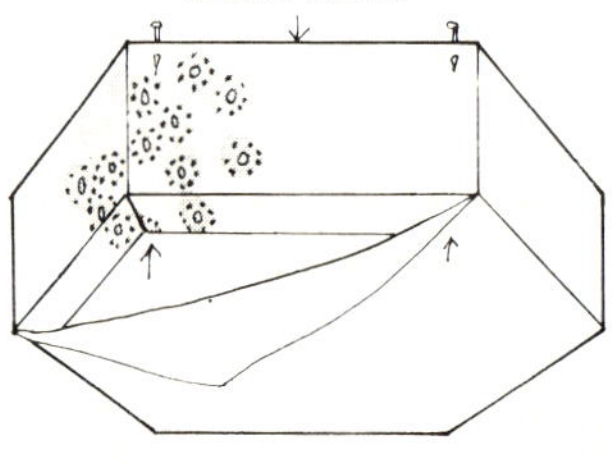

Papierform an den Boden kleben

7

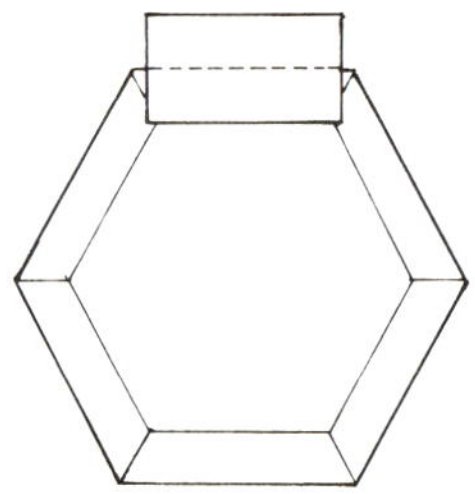

Halterung an den Deckel nähen

8

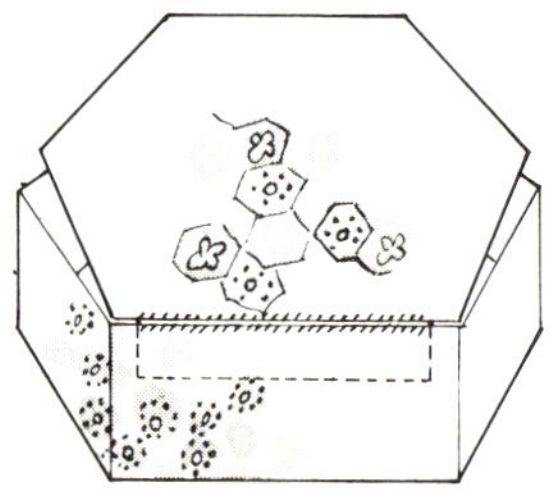

Halterung an die Schachtel nähen

9

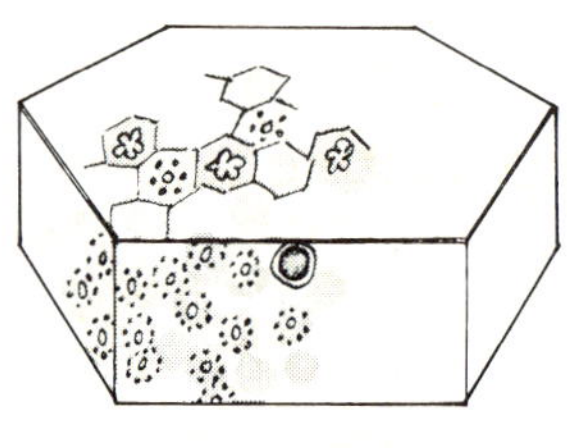

Schlaufe und Knopf befestigen

passen. Die beiden Enden zusammennähen und ausbügeln. Eine Kante 1 cm nach links einschlagen. Rund um die obere Schachtelkante stecken, so daß die linke Stoffseite nach außen zeigt (5). Die Naht liegt an einer Ecke. An einer Schachtelkante jeweils nur eine Nadel rechts und links, 1 cm von den Ecken entfernt stecken. Der Raum dazwischen bleibt offen, damit die Deckelhalterung eingeschoben werden kann (6). Streifenkante und obere Schachtelkante überwendlich zusammennähen. Dann den Streifen über die Außenseite ziehen, glattstreichen und um die untere Kante der Schachtel kleben. Aus festem Papier ein 10-cm-Sechseck ausschneiden und außen auf den Schachtelboden kleben.

Für die Deckelhalterung aus dem Oberstoff einen 18 cm langen und 4 cm breiten Streifen zuschneiden. Die beiden kurzen Seiten, rechte Stoffseite nach innen, in der Hälfte zusammenlegen und an beiden langen Kanten zusammennähen. Nähte ausbügeln, das Ganze wenden, die offenen Kanten nach innen schlagen (Streifen ist dann 8 cm lang) und zusammennähen. An eine Deckelkante (auf nicht bezogene Seite) nähen (7).

Das vorbereitete Patchworkteil (Größe wie Deckel, Außenkanten sind eingeschlagen und geheftet) auf die nicht bezogene Deckelseite stecken und rundherum überwendlich annähen. Die Deckelhalterung in die offene Seite der Schachtel stecken und festnähen. Deckel aufklappen und auch von innen annähen. Auf der gegenüberliegenden Seite eine kleine Schlaufe an den Deckel und einen Knopf an die Schachtel nähen.

Nach diesem Prinzip können auch viereckige oder runde Schachteln gebastelt und bezogen werden. Den Deckel könnte man noch mit einem etwa 1,5 bis 2 cm breiten Rand versehen (unten).

Patchwork-Bilder

Denken Sie beim Stichwort Patchwork nicht nur an große, zeitraubende Arbeiten wie Bettdecken oder Wandbehänge: Auch auf kleinen Flächen, mit kleinen Objekten läßt sich die Patchwork-Technik überzeugend anwenden und darstellen.

Das Foto links zeigt vier kleine Bilder, die keine große Kunst sein wollen – sondern einfach liebenswerter Wandschmuck sein können. Diese Bilder sind in ziemlich kurzer Zeit anzufertigen, weil sie aus nur wenigen Teilen bestehen. Und sie entstehen praktisch kostenlos, weil man für sie nicht mehr Stoff braucht, als bei anderen Arbeiten als Abfall übriggeblieben ist. Lediglich die Rückwand – eine etwa 3mm dicke Hartfaserplatte oder ein Stück Sperrholz oder auch ein dicker Karton – und der Rahmen werden Ihr Budget belasten.

Wir stellen Ihnen vier einfache Muster vor: einen Stern und ein Blockhaus-Motiv, einen Korb und eine Tulpe. Die Schnittmuster für diese vier Bilder finden Sie auf den nächsten Seiten. Wir haben keine Größen vorgegeben: die einzelnen Teile sind aber sehr leicht nachzuzeichnen und auf die gewünschte Größe zu vergrößern.

Nicht nur diese vier Muster aber könnten als Wandschmuck gearbeitet werden: Sie können praktisch jedes der Patchwork-Motive, die wir Ihnen in diesem Buch vorstellen, als Bild anfertigen. Sie können Einzelmuster aus großen Decken herausnehmen und in einen weißen oder in der Farbe passenden Fond stellen. Sie können ein eigenes Bild-Motiv entwerfen. Aber Sie sollten dabei immer nur solche Motive wählen, die einzeln wirken: ein simples Karomuster wird kein sehr attraktives Bild ergeben (es sei denn, Sie verwendeten überaus kostbare oder durch ihre Farbzusammenstellung überraschende Stoffe).

Wählen Sie solche Stoffe und Farben, die nicht allzu kontrastreich sind: das Bild soll geschlossen und ruhig wirken. Wählen Sie dazu auch einen Rahmen, der die Wirkung des Patchwork-Bildes nicht beeinträchtigt – sondern eher steigert. Sie sehen in unserem Foto ganz schlichte naturfarbene Holzrahmen. Ähnliche Rahmen (oder Rahmen-Bauteile) finden Sie in vielen Hobby- und Bastelgeschäften oder in den Bastelabteilungen der Spielwarengeschäfte.

Das fertige Bild muß über eine feste Rückwand (Sperrholz-Hartfaserplatte, Karton) gespannt werden, ehe es in den Rahmen eingesetzt werden kann.

Übrigens: Haben Sie keine Scheu, ein Bild auszuwechseln, wenn es Ihnen nicht mehr gefällt. Ein neues Bild ist ja schnell genäht...

Stern

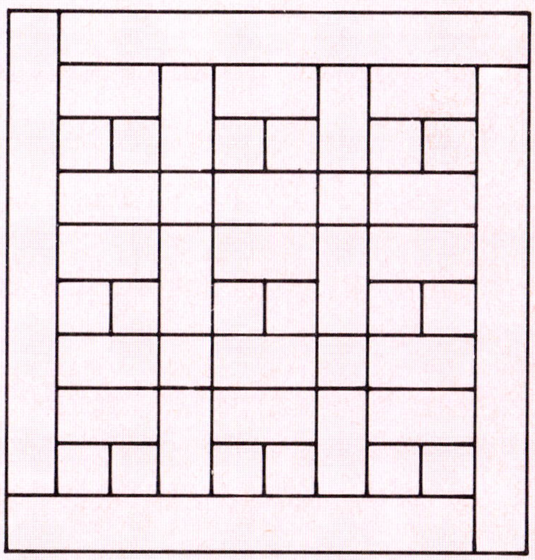

Blockhaus

Tulpe

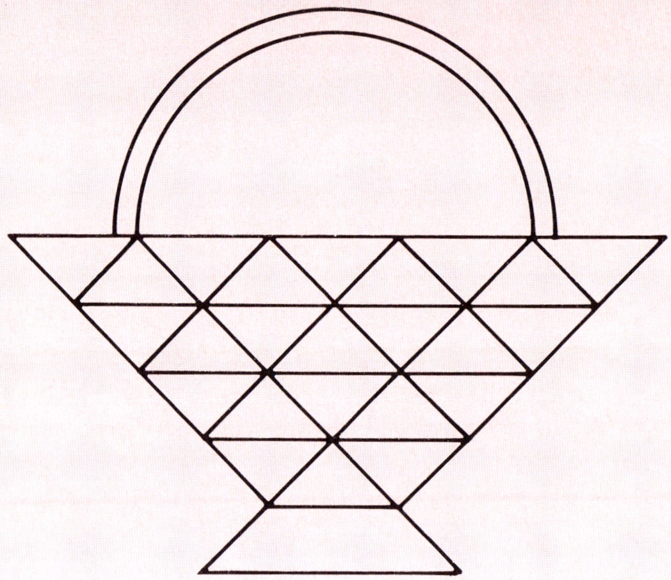

Korb

Die beiden Zeichnungen oben zeigen den Aufbau der beiden Bild-Motive »Korb« und »Tulpe«. Die dazugehörenden Schnittmuster finden Sie auf der rechten Seite. Sie sehen, daß hier – vor allem bei der Tulpe – das vertraute Erscheinungsbild einer Blüte oder eines Korbes sehr stark verändert worden ist: Wenn Sie nun eigene Motive entwerfen, sollten Sie versuchen, ähnlich stark zu abstrahieren. Denn Sie müssen ja Formen bekommen, deren Kanten gerade verlaufen – und somit einfach zu vernähen sind. Sie sollten sich die Arbeit aber auch wieder nicht so leicht machen, daß Sie eine Blüte beispielsweise nur als einen einzigen farbigen Klecks in ein Bild einsetzen: An der hier vorgeschlagenen Tulpe erkennen Sie, daß es durchaus reizvoll ist, auch eine kleine und einfache Form aufzulösen und in verschiedene Farb-Teilflächen zu erlegen. Diese Teilflächen müssen aber freilich harmonieren, damit sie als zusammengehörig erkannt werden. Farbkontraste können Sie dann durch andere Motivteile setzen (um beim Beispiel der Tulpe zu bleiben: durch Stengel und Blätter).
Solche einfachen Bild-Motive wie die hier vorgeschlagenen können Sie dadurch in ihrer Wirkung steigern, daß Sie die Teile des Ornaments unterfüttern, ehe Sie das gesamte Ornament mit dem Fond vernähen. Das Ornament wird sich also leicht plastisch aus der Fläche herausheben. In diesem Zusammenhang sei auch die »Quilting«-Technik, also das Unterfüttern von Linien und Punkten, erwähnt...

Vorstich für Stepparbeiten

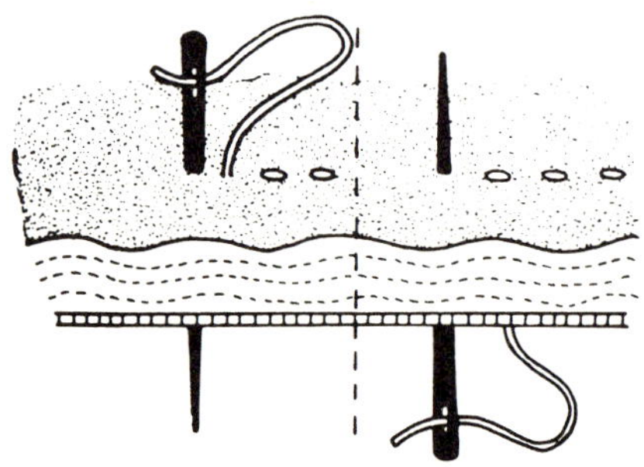

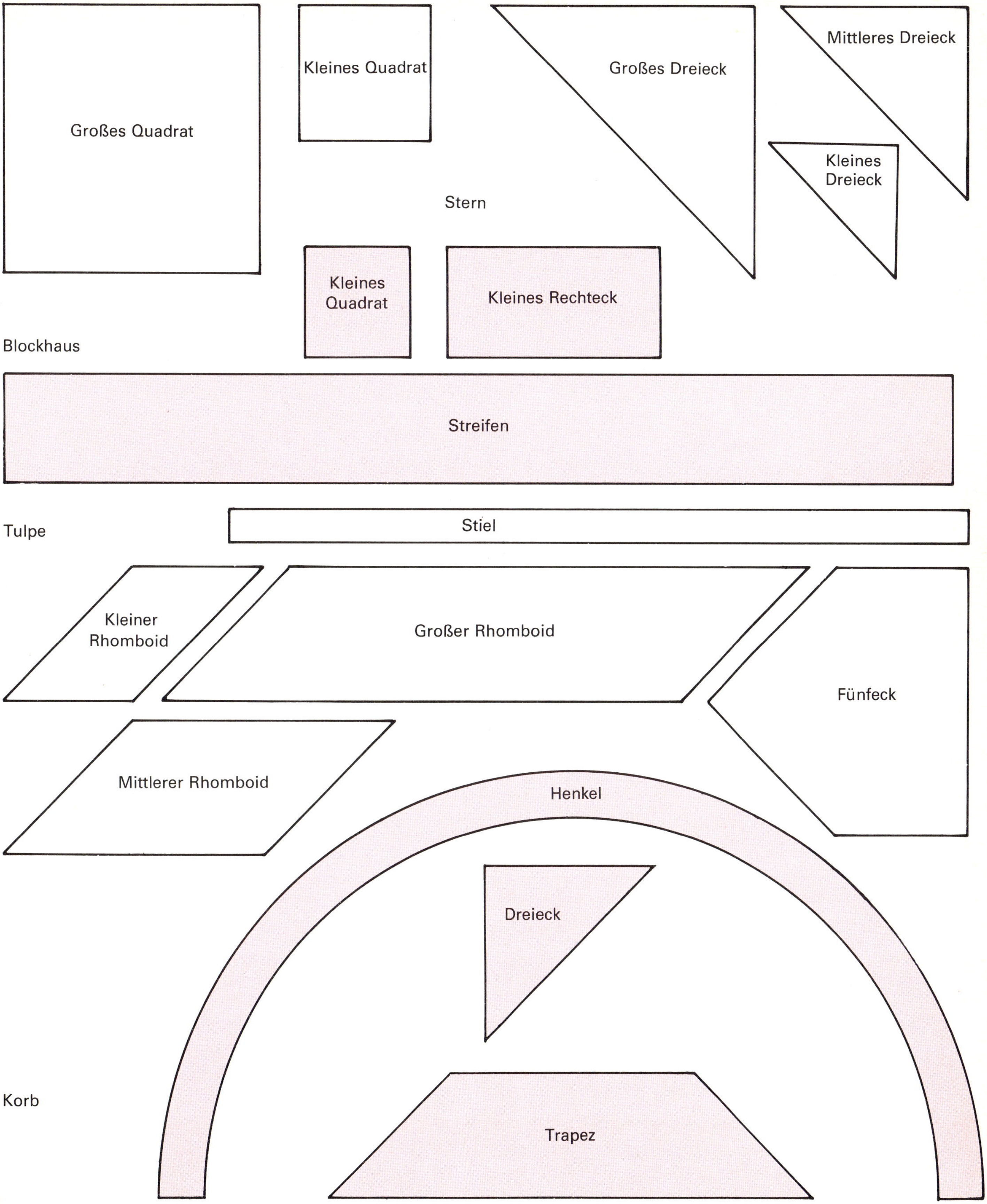
Großes Quadrat
Kleines Quadrat
Großes Dreieck
Mittleres Dreieck
Kleines Dreieck
Stern
Kleines Quadrat
Kleines Rechteck
Blockhaus
Streifen
Tulpe
Stiel
Kleiner Rhomboid
Großer Rhomboid
Fünfeck
Mittlerer Rhomboid
Henkel
Dreieck
Korb
Trapez

Leder-Patchwork

Für höhere Ansprüche ist Leder ein ausgezeichnetes Patchworkmaterial.
Für die meisten Arbeiten eignet sich am Anfang Schafleder. Es ist geschmeidig, leicht zu bekommen und von mittlerer Preisklasse. Man erhält es in Naturtönen und vielen anderen Farben. Es kann zu Bekleidungsstücken oder Accessoirs verarbeitet werden. Velourleder ist von besonders guter Qualität, weich und samtig, und speziell für gute Bekleidung geeignet.
Rindsleder ist dagegen viel schwerer, weil auch die dünnste Ausführung dikker als das Schafleder ist. Der dickste Teil in der Mitte der Haut wird zu Schuhsohlen, Taschen, Koffern oder anderen stark strapazierten Gegenständen verarbeitet. Aus den dünnen Seitenteilen werden Röcke und Westen gefertigt. Rindspaltleder ist das dünnste und auch billigste, jedoch nicht so strapazierfähig. Für Accessoirs gut geeignet.
Kalbsleder ist sehr schön und geschmeidig und wird für bessere Handtaschen oder Schuhe verwendet. Man bekommt es in verschiedenen Stärken; es ist jedoch teurer als Schafsleder.
Zu den ausgefalleneren Sorten gehören das Leder von Schweinen, Ziegen, Eidechsen, Schlangen oder gar Fischen, aber es ist schwerer zu bekommen und recht teuer.
Es gibt Geschäfte, die größere Lederstücke verkaufen, Bastelläden führen meistens Reste.
Leder ist recht einfach zu verarbeiten, da es nicht ausfranst. Normalerweise muß man keine Kanten umschlagen, und Papiereinlagen sind auch nicht nötig.
Man stößt die Kanten aneinander und näht sie rechts mit Zickzack-Stichen zusammen. Benützt man eine Nähmaschine, sind Nadeln mit mittlerer Stärke am besten geeignet. Die Stichlänge sollte man der Lederstärke anpassen: je dicker das Leder ist, desto längere Stiche sind zu wählen. Bei doppelt gelegtem Velours-Leder die Stiche ebenso etwas länger einstellen.
Zuerst eine Probe mit Reststücken machen. Eventuell muß man sehr dünnes Leder an den Kanten einschlagen, oder man braucht eine spezielle Ledernadel für die Maschine und muß Seidenpapier unterlegen. Man kann Teile auch auf einen Untergrund kleben, und danach mit Zickzack-Stichen versehen. Es gibt Spezialklebstoffe, die man nachher abrubbeln kann. Die Teile können aus Resten zugeschnitten werden. Hat man größere Lederstücke, die Fläche gut ausnützen, fehlerhafte Stellen umgehen. Velourslederteile können auch in verschiedenen Strichrichtungen ausgeschnitten und zusammengenäht werden, was beim fertigen Stück sehr interessant wirkt. Für Bekleidung einfaches Schnittmuster verwenden. Danach entweder einen festen Baumwollstoff zuschneiden und die Lederteile aufkleben, oder diese zu einem großen Stück zusammennähen und daraus die einzelnen Schnitteile zuschneiden; dann wie im Schnitt angeben zusammennähen. Zum Schluß kann man die Arbeit noch füttern: Innen, entlang der Kanten, ein Band annähen, die Kanten des Futters nach links bügeln, Lederarbeit und Futter links auf links legen, und mit Hohlstichen Futter ans Band nähen.

Bett-überwurf

Auch dieser wunderschöne Quilt mit Landschaftsszenen zeigt eine neue Variante zu den traditionellen Mustern. Die Abpausvorlage von Seite 74 kann man entsprechend vergrößern, etwa 30 cm Seitenlänge dürften richtig sein. Jede Form aus Karton ausschneiden; für Applikationen werden die Stoffteile nur mit kleiner Nahtzugabe zugeschnitten.

Modernes Patchwork

Wie vielseitig sich die Patchwork-Technik anwenden läßt, zeigen Verzierungen an Kleidern oder Dekorationsgegenständen. Nach Vorbild der abstrakten Kunst und mit ganz unregelmäßigen, geometrischen Formen können lebhaft wirkende Kissen (oben) mit strengen und klaren Linien entstehen.

Traditionelle Patchworkmuster

Dresdener Teller

18 gleichgroße Ausschnitte bilden einen Kreis, auf dessen Mitte ein kleinerer appliziert wird, um die ungesäumten Enden zu verdecken.
Die Ausschnitte können entweder nach der »Blockhaus«-Methode oder mit überwendlichen Stichen aneinandergenäht und dann gefüttert werden.

Mond über dem Berg

Dreiteiliger Block aus drei verschieden getönten Stoffen – den hellen für den Mond, den dunklen für den Berg, einen dazwischenliegenden für den Himmel. Eine einfache und effektvolle Dreieck-Kreis-Kombination.

Korb

Die rechtwinkligen Dreiecke und den Henkel zusammennähen und dann auf den Untergrund aufnähen. Traditionelle Arbeiten zeigen meist einfarbige, dunkle Körbe in Rot, Blau oder Grün auf cremefarbenem Grund.

Windmühle

Jeweils zwei Dreiecke aus hellem und dunklem Stoff zu einem Quadrat zusammenfügen. Vier davon bilden einen Block. Bei größeren Stücken können solche Blocks mit einfarbigen Stoffen kombiniert werden.

Atrium

Jedes Quadrat dieses neunteiligen Blocks (außer dem mittleren) wird aus drei Streifen gearbeitet; zwischen zwei dunklen liegt immer ein heller. Die Streifen der Blocks verlaufen abwechselnd waagerecht und senkrecht.

Fächer
Die Rundung des Fächers kommt am besten auf einem mittleren Farbton zur Geltung. Man kann die Teile wie beim »Dresdener Teller« (Seite 77) zusammennähen.

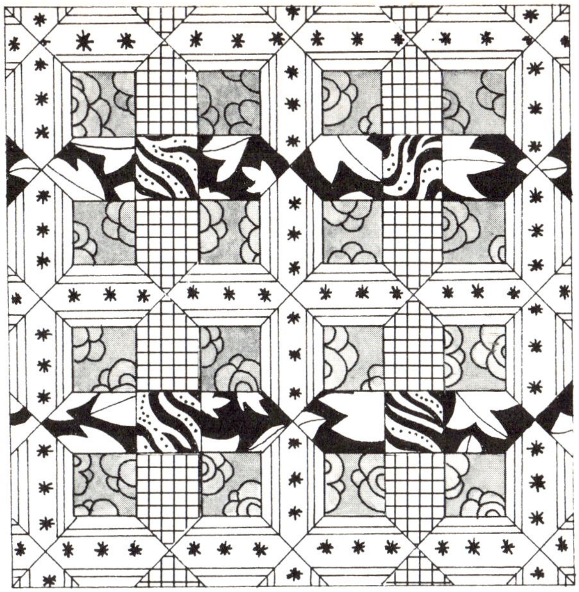

Belmont
Hier müssen die Stoffe durchweg einheitlich sein und die Farben kontrastreich, um den strengen, geometrischen Rahmen zu erhalten. Dabei sind Streifen günstig, oder man stickt geradlinige Muster auf.

Fliegende Gänse
Hier werden gleichschenklige Dreiecke heller Farbe jeweils mit dunklen rechtwinkligen zu einem Streifen genäht und abwechselnd mit Streifen in einer Kontrastfarbe zu einem großen Stück gearbeitet.

Zusammengesetzte Kreise
Dieses Muster basiert auf dunklen und hellen Quadraten – vier kleine bilden jeweils ein größeres. Der ausgeschnittene Kreis wird versetzt wieder eingefügt.

Ofenkachel

Für dieses einfache, reizende Muster kann man verschiedene Stoffe verwenden; man sollte jedoch pro Block immer vier gleichfarbige Stoffe wählen und die Quadrate alle in der gleichen Kontrastfarbe herstellen.

Minton

Unterschiedliche Stoffe sind möglich, solange das Netz aus Kreuzen wie auch die vier Sechsecke jeweils aus dem gleichen Stoff bestehen. Die Kreuze sehen einfarbig oder einfach gestreift am besten aus.

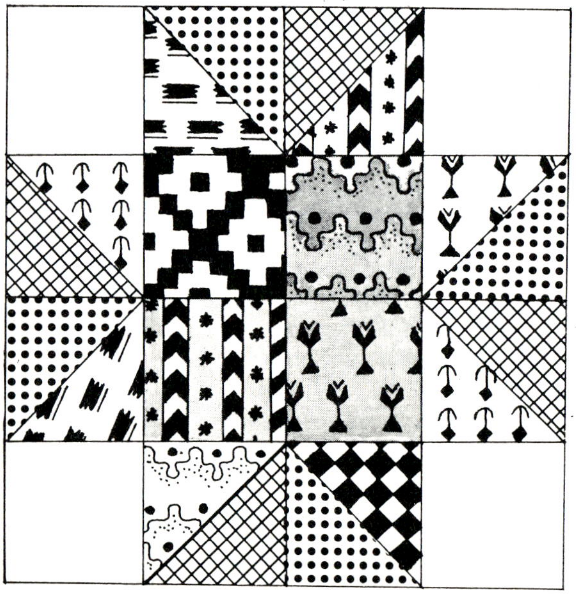

Sägezahn-Stern

Dieses Muster wurde erstmals am Anfang des 19. Jahrhunderts an der Ostküste Amerikas entworfen. Es besteht aus vier Quadraten; einer kräftigen Farbe in der Mitte und acht halbquadratischen Dreiecken.

Windmühle

Dieser Stern erinnert an eine »Windmühle«. Der vierteilige Block ist einfach zusammengestellt, so daß man gute, klare Muster für große Stücke oder für Kanten gestalten kann.

Veränderlicher Stern

Der neunteilige Block aus Dreiecken und Quadraten ist so gleichmäßig, daß verschiedene Stoffe möglich sind. Als Abwandlung kann man einfarbige Stoffstreifen einarbeiten.

Aufgehender Stern

Dieses Motiv kann beliebig vergrößert werden, so daß die Zacken bis an die Kanten laufen. Man bildet aus mehreren Sternen ein Gittermuster oder stellt den inneren Stern schräg.

Sternschnuppe

Der Windmühleneffekt tritt bei dieser Kombination von Dreiecken, Quadraten und Rhomboiden noch besser hervor. Man sollte nur zwei kontrastierende Farben wählen; Hintergrund und Mitte einfarbig.

Abendstern

Kleine Dreiecke aus verschiedenen Stoffen rund um die großen, hellen Achtecke zusammensetzen und dann Gruppen mit dunkleren, kleineren Achtecken und helleren Quadraten gleicher Farbe zusammen.

Ewigkeit

Der Name dieses Musters weist auf die religiöse Beeinflussung bei früheren Arbeiten hin. Mit den steifen, geometrischen Formen kann man durch deutlich gemusterte Stoffe einen modernen oder jugendstilähnlichen Effekt erzielen.

Dieser und alle anderen traditionelle Blocks können entweder allein zu einem Kissen verarbeitet werden, oder man erweitert sie zu Borten an Kleidern. Kombinationen mit anderen Formen für größere Arbeiten wirken gut, wobei die richtige Auswahl der Farben und Stoffe eine wichtige Rolle spielt.

Malteser-Stern

Jeder Block dieses Musters besteht aus acht gleichschenkligen und vier rechtwinkligen Dreiecken. Trotz strenger, geometrischer Formen wirkt das Muster im Gesamten weich und zart.

Stern von Virginia

Dies ist eine Form der beliebten achtzackigen Sterne, die entweder, in einer kleineren Ausführung, nebeneinander gesetzt und mit einer harmonisierenden Kante ringsherum verarbeitet werden, oder die man alleine verwendet, indem man einen Stern über einen ganzen Quilt erstreckt, wobei die Farben von der Mitte aus kreisförmig nach außen verlaufen. Erst jeweils neun »gestreckte« Rhomben zu einer Zacke nähen, dann diese zu einem Stern. Zum Schluß die rechtwinkligen Dreiecke anfügen. Die einzelnen Teile kunterbunt zu mischen ist nicht ratsam. Die Farben oder Muster der Stoffteile sollten sich entsprechend wiederholen.

Eine Auswahl Quilts

Sägezahn-Stern

Dieses regelmäßige, beliebte Blockmuster entstand aus ganzen und diagonal halbierten Quadraten.
Dieser fröhliche Quilt und die meisten der folgenden Quilts wurden im 19. Jahrhundert in Amerika gearbeitet.

Schneeflocke

Wie bei einem Faltschnitt fertigt man die Schablone an und gestaltet das Muster aus verschiedenen Stoffen, oder man schneidet für jede Schneeflocke eine andere Form aus. Ein bezaubernder hawaiianischer Quilt wurde mit einer riesigen, komplizierten Schneeflocke, einer von der Mitte ausgehenden Bortenwirkung und Stepperei gestaltet.

Schulhäuser

Diese vertrauten Formen eignen sich für einen luftigen und behaglichen, applizierten Kinder-Quilt. Das Muster wirkt sicher genau so reizend als Kantenabschluß eines Küchenvorhangs oder allein auf Topflappen, Servietten oder Tischsets.

Bauernhof in Ohio

Dieser ungewöhnliche Quilt mit bäuerlichen Motiven verdeutlicht, wie der damalige Alltag Einfluß nahm auf die Gestaltung eines Musters. Der Stil ist etwas ungeschliffen, aber man kann Ausschnitte mit Stickerei verzieren, gemusterte Stoffe verwenden oder verschiedene kombinieren, um das Ganze realistischer und abwechslungsreicher zu gestalten. Auf Seite 89 sind einige traditionelle Applikationen: 1. Diese recht naive Bäumchen«-Kante ist eine der einfachsten und schönsten Muster. 2. Ein Motiv für eine elegantere Borte ist die »Girlande« aus Sechsecken. 3. Der »Lorbeer-Kranz« mit seinen leicht geschwungenen Zweigen ist ein mehr zentrales Muster. 4. »Herzen und Küsse« (die Küsse werden durch die X-Form ausgedrückt) waren ein beliebtes Muster für Hochzeits-Quilts. Die Zahl der Applikations-Muster ist unendlich. So wie damals ein Ackergerät modern war und deshalb viel verwendet wurde, könnte man heute z. B. Muster mit Flugzeugen gestalten.

1

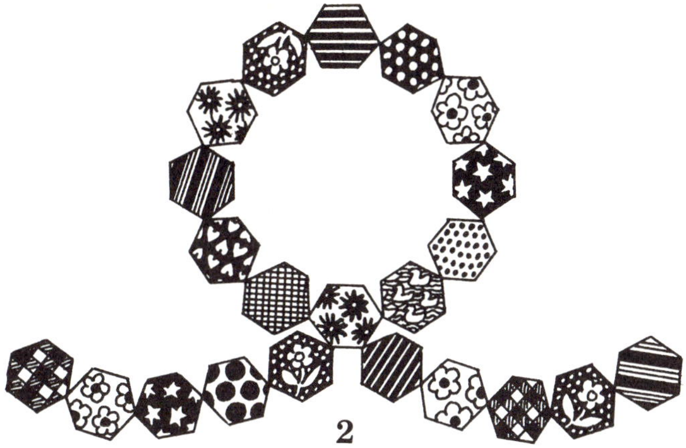

2

3

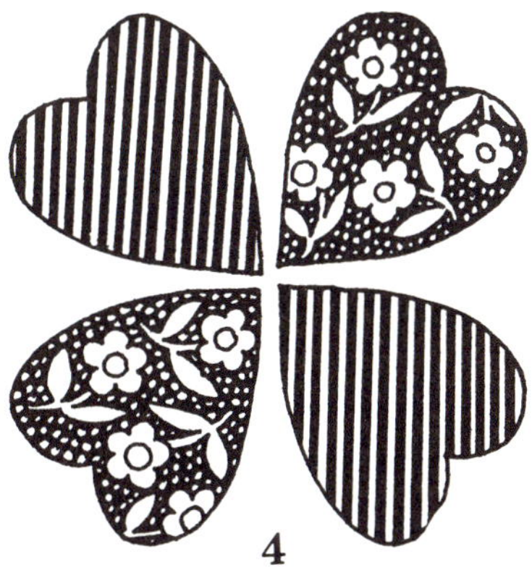

4

Braut von Baltimore

Dieser kleine Ausschnitt der Kante eines Hochzeits-Quilts läßt dessen Pracht vermuten. Jeder Block wurde einzeln angefertigt und manchmal signiert. Die Blocks wurden zusammengenäht, die Kante angefügt. Sie ist das »Tüpfchen auf dem i«: Sie kann gewellt und mit Blumen verziert sein wie oben, oder mit geometrischen Formen wie auf Seite 91. 1. Diese hübsche Borte zeigt die Verarbeitung an den Ecken, die sorgfältig geplant werden muß. 2. Schräggestellte Rechtecke wirken gut mit gestreiftem Stoff. 3. Wenn Streifen von »Tannenbäumchen« aneinandergefügt werden, zeigt der Hintergrund ebenfalls nach unten gerichtete Dreiecke. 4. Sterne werden aus Stoffteilen ausgeschnitten und auf einen Untergrund appliziert. 5. »Gedrehtes Seil« mit plastischem (dreidimensionalem) Effekt durch die hellen Rhomboide und dunklen Rhomben. 6. Diese Kombination von Quadraten ist ein vielseitiges Borten oder Flächenmuster. Die meisten Bortenmuster können wie Streifen zu ganzen Quilts gearbeitet werden Hierbei wirkt es besonders gut, wenn sich verschiedene Streifen abwechseln und Farben immer wieder auftauchen.

1
6
2
3
4
5

Federbausch

Ein typisch amerikanisches Muster, angeregt durch die indianischen Trachten oder auch durch Feuerwerke. Die Sterne und die freundlichen Stoffe, die wirbelnden Federn wirken exotisch.

Lilien

»Sägezähne« bilden hier Blumen. Diese Lilien sind eine geglückte Kombination aus Patchwork und Applikation. Die geschwungenen Stiele und Blätter sowie der gemusterte Stoff beleben das Bild und lockern die eckigen Blumenformen auf.

Kaktusblüte

Dieser vergrößerte Ausschnitt eines Quilts mit »Sägezahn«-Blumen zeigt auch die reichhaltige Stepperei des Untergrundes. Üblicherweise folgt man den Nähten der Stoffteile oder unterteilt so große Flächen gleichmäßig in Quadrate, Rhomben oder Streifen. Aber oft werden auch Stücke mit kunstvoller Stickerei verziert.

1. Stepperei für Ecken. 2. Federbausch halbkreisförmig angelegt.
3. Blattmuster, das sehr gut von einer Ecke ausgehend gearbeitet werden kann. 4. Gänseblümchen, kann allein oder mit mehreren zusammen angeordnet werden.
Da sich diese Form für Applikationen anbietet, kann man Patchwork- und Applikationsmotive auch für Quiltmuster verwenden. Man überträgt das Muster mit Kreide auf das fertige Patchworkstück, spannt Oberstoff, Wattierung und Futterstoff in einen Rahmen und steppt alles mit kleinen geraden Stichen zusammen. Die lange, spitze Nadel dabei immer gerade durch den Stoff führen.

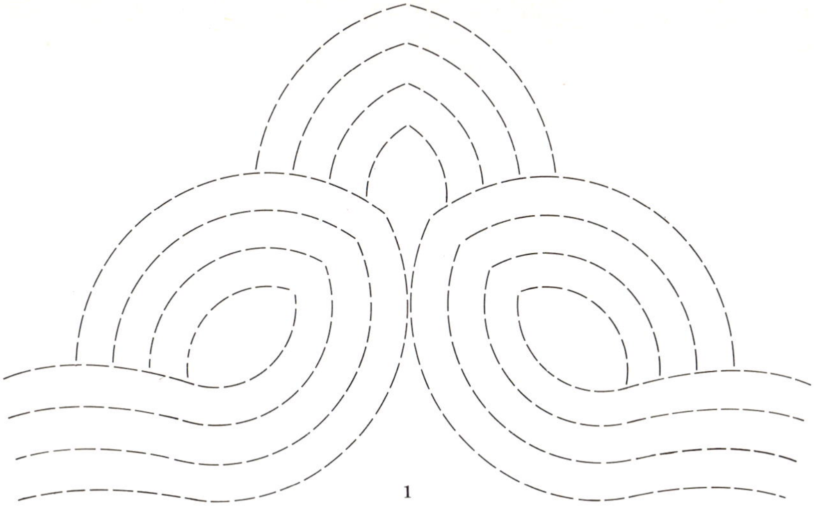

1

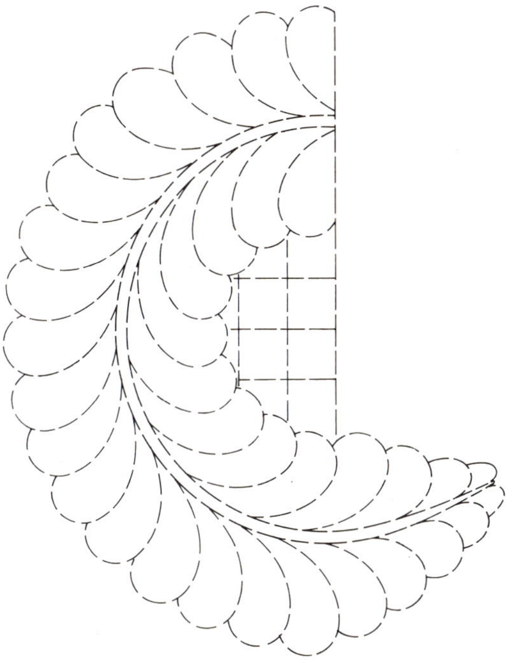

2

3

4

Blumenkranz

Die abgerundeten, applizierten Blumenformen geben diesem Quilt etwas Fülliges, das noch verstärkt werden kann, indem man die Formen beim Applizieren wattiert. Man nennt diese Technik »trapunto«. Sie ersetzt oder ergänzt die traditionelle Stepperei.